進みながら強くなる

——欲望道徳論

鹿島 茂
Kashima Shigeru

a pilot of wisdom

はじめに

この本のタイトルにした『進みながら強くなる』という標語は、有名な伝記作者ステファン・ツヴァイクが評伝『バルザック』（早川書房）の中で、メキメキと頭角を現してきた頃のバルザックについて用いたラテン語の詩句《Vīrēs acquīrit eundō　ヴィーレース・アックィーリト・エウンドー》の私なりの訳文です。引用元はヴェルギリウスの『アエネーイス』で、「進むにつれて力が加わる」が直訳ですが、これでは標語として弱いので、私は「進みながら強くなる」と言い換えてみたのです。

では、この「進みながら強くなる」がどういうことを意味しているかといえば、およそ、次のようなことではないかと思います。

人間だれしも、いずれ十分に力を蓄えて強くなったと確信してから進みたいと考えます。しかし、こうした完璧主義でいくと、時間もかかるし、金もかかるのは当然です。それに、

「よし、十分強くなったから、そろそろ進もうか」と決意する頃には、もう人生は終わってしまっていることが少なくないのです。

だったら、多少、見切り発車の感があっても、とにかくスタートを切ろうじゃないか。もちろん、前に進むからには多少は強くなっていなければならないけれど、とにかく進むぞと決意して、試行錯誤しながら一歩ずつ前に足を出していくうちに、いつのまにか力がついてきて、スタートする前には全然進めないと思っていた距離も簡単に進めるようになっている。実は、強くなったのは、とにかくスタートしなければならないという至上命令があったからで、この至上命令を何とか果たそうと無茶苦茶に努力しているうちに、気がついたら強くなっていたということなのです。

あっさりと言い換えてしまうと、見切り発車の「すゝめ」、ということになりますが、これは、準備なしにいきなり始めようということでは決してありません。前もって準備することは十分に必要ですが、準備ばかりしていてスタートする決断がつかず、「いや、準備万端整ってからでないとやっぱりいけないだろう。そんなことをしたら、人からいいかげんな奴と言われて、恥をかく」と自分に言い訳していると、永遠にスタートできない、ということなのです。

しかし、私のこの『進みながら強くなる』という本を読んで、「そうか、そういうことか、よしっ！」と決意を固めたとしても、やはり、人間、そう簡単には見切り発車することができるものではありません。

こんな時に、とても便利なのが、「……なので、仕方なく」というように、自分ではどうにもならない「なにごとか」を理由に使うことです。「本当はまだ準備が整っていなかったからスタートしたくなかったんだけれど、人から無理強いされて、あるいは周囲の状況からそうなってしまったので、仕方がないからスタートした」と言い訳することです。

実際、この私も、この「……なので、仕方なく」という形で物書きになった口なのです。

あれは確か、在外研修でフランスに長期滞在していた一九八五年の夏だったと思います。前年の夏に、モンペリエで二、三カ月一緒に過ごした友人のY君から手紙が届き、「去年の夏、君が話してたあのアイディア、白水社の雑誌『ふらんす』の編集部に話したら、おもしろそうだから連載してみないかということになったので、来年の四月号から始めることになった。よろしく」と言ってきたのです。

「去年の夏」に話していた「あのアイディア」というのは、私がY君と一緒にバスに乗って南仏の田舎町を巡っていた時、必ずどこの町にも町外れに「パリ街道」「パリ通り」という道路標示があるのに気づいて、「そうか、このパリ街道というのは、日光街道とか甲州街道と同じで、パリに至る街道という意味なのか。だとすると、フロベールの『ボヴァリー夫人』でエンマがそこを通っていく魚屋の荷車の音を聞いて『あの人たちは明日はパリなのか！』と夢想にふけるあの町外れの道というのがこのパリ街道だったんだ！」と言い出したことに端を発しています。そこから、私は専門であるバルザックやフロベールにしばしば登場する「パリに上る田舎の野心的青年」というテーマを思いつき、これで社会史的な十九世紀小説論を書いてみてはどうだろうと考えたのです。

しかし、この時にはあくまで思いついただけで、そのための資料が全部そろっていたわけではありません。フランス滞在中、金もないのにパリ関係の古書を買いまくり、とりわけ十九世紀の風俗資料はかなり集めていたことは確かですが、完璧と言える状況ではありませんでした。ですから、最低数年は準備期間を置きたいと考えていたのです。しかし、『ふらんす』編集部からも、もう連載が決まったという連絡が届いたので、いよいよ後には引けなくなり、見切り発車ですが、とにかく連載を始めることにしたのです。

結局、この連載は最終的に『馬車が買いたい！』（白水社）となって結実し、それが翌年にサントリー学芸賞を受賞したことで、私はいやおうなく物書きの道に進むことになったのですが、しかし、考えてみれば、もし、あの時、私の承諾も得ぬうちに『ふらんす』への連載を決めてしまうというY君の「暴挙」がなかったら、あるいは私は物書きにはなっていなかったかもしれないのです。

この意味では、スタートの決断がつかない時に、背中から自分を押してくれる「……が……したから、仕方なく」という他発的動機というのはとても有益です。

実際、Y君が『ふらんす』編集部に連載の話を持っていくという「他発性」がなかったら、私が「自発的」に『馬車が買いたい！』のもとになる原稿を書き始めたとは思えません。「他発性」が働いていたからこそ、「仕方なく」スタートを切ることにしたのです。というわけで、「進みながら強くなる」にしても、「……なので、仕方なく」という見切り発車のための他発的なきっかけは必要なのです。人間、悲しいかな、自分の意志でなにごとかを始めることはなかなかできないものなのです。

ところで、現実を観察してみると、この他発的動機というのは、何かを「すること」ではなく、何かを「しないこと」のために使われるケースが非常に多いようです。つまり、これこれこういうことが妨げになっているからスタートできないのだという、スタートの決断を下さない理由に使われてしまうのです。

確かに、人間、とくに日本人というのは進取的・前向きであるよりも保守的・現状維持的で、何かしないことの理由はいろいろと見つけてくるのですが、何かを決断する理由というのはなかなか見つけられないようにできているようです。とりわけ、こうした傾向が強いのが役所と大企業で、部下が上げてくるアイディアを片っ端から潰《つぶ》すのが自分の役目と信じている上役が少なくありません。

また、組織ではなく個人の場合でも、ダメの理由はいくらでも見つかります。そして、いつもいつもダメの理由ばかり見つけているうちに歳を取り、若いうちなら可能だったかもしれないアイディアも本当にダメになってしまうのです。

つらつら考えてみるに、何かを決断してスタートするのに、もう一つ、口実というものも絶対に必要だと思います。自分もそうですが、だれでも口実があるとどんなことでもできるのですが、口実がないと、たとえそれがよいことでも、始めにくいものです。

たとえば、あなたがほぼ満席の電車に乗っているとしましょう。そこにお年寄りや妊婦が乗ってきたとします。こういう時、席を譲りなれている人なら、「どうぞ！」と簡単に席を譲ることができるのですが、日本人というのはとてもシャイですから、たとえその気があっても、なんだか照れくさくて言い出せず、そのまま座り続けているというようなことも少なくありません。

そんな時、たまたま、自分が次の駅で降りるようなことがあれば、それを「口実」にして席を譲ることができます。そして、その経験が一度でもあれば、「どうぞ、次、降りますから」と言って席を譲り、車両を移してまた乗りこむなんてことも簡単にできるようになるのです。

ことほどさように、よいことをするにも「口実」が必要なのです。

もちろん、こうしたこと以外にも、口実というのは実に強力な武器となって働きます。

そのことを改めて実感したのは、『プロジェクト鹿鳴館！――社交ダンスが日本を救う』

（角川ＯＮＥテーマ21）という本を書き、実際にこのプロジェクトを立ち上げた時のことです。

すなわち、私は、少子高齢化の日本を救うには、社交ダンスの復活しかないと思いついて、三田の三井倶楽部での晩餐《ばんさん》舞踏会開催にまでこぎつけたのですが、それは、社交ダンスというものが、さまざまなことに「口実」として使える実に便利な「制度」であることに気づいたからにほかなりません。

その昔、私たち団塊の世代までは、大学生になったとたん、熱心に社交ダンス教室に通い出したものです。というのも、当時、大学は男女共学という建前でも、一部の学部を除いて圧倒的に男子の方が多く、男子学生が女子学生と知り合う機会は限られていたので、社交ダンスのパーティー、いわゆるダンパは格好の男女の出会いの場となっていたからです。各大学には社交ダンス・クラブのようなものが必ずあり、それぞれで部活資金調達のためにダンス講習会を催していました。また、社交ダンスとは全然関係のない運動部も部活資金のためにダンパを開催していました。

参加するのは若い男女ですから、当然、性欲全開です。しかし、だれも、それを口にすることはありません。あくまで、ダンス・パーティーでダンスを踊るだけというのが建前だったのです。この時代は性のモラルは今日よりもはるかに厳しく、女の子は処女のまま結婚することになっていたので親も門限にはうるさかったのですが、しかし、なぜか、ダンパにだけは寛容でした。とりわけ、主催がエリート大学でエリートの男子学生が多く参加するということがわかっている場合には、門限にも例外を設けてくれたのです。すべてこれ、「ダンスをする」という口実があったからなのです。

この「口実」という要素に照らしてみると、今日のいわゆる合コンというものが今一つ盛んにならない理由がわかるのではないでしょうか？ ようするに、目的があまりに露骨すぎるのです。確かに、現代では、若い男女が知り合うきっかけがないので、合コンに頼る以外に方法がないのはわかりますが、しかし、合コン参加に踏み切るには、「ああ、わたし（おれ）もついに合コンに行くような歳になったのか！」というように、自分を見切る必要があるし、そこに集まってくる男女の目的も、たった一つしかないので、とりあえず、ダンスだけというような気楽な気持ちになれないのです。

これに対し、社交ダンスというのは、本当の目的は合コンとまったく同じなのですが、表面的には、「ダンスをする」という立派な口実があります。ガツガツと結婚相手を求めているわけではなく、ただ「ダンスを楽しみたいと思っている」というように、他人にも自分にも本当の理由を隠蔽《いんぺい》しておくことができるので、気軽に参加できるのです。

これは、気にいった相手に対して、「今度、飲みにいきませんか?」と気軽に誘うのも同じことです。「今度、セックスしませんか?」といきなり言い出したりしたらセクハラになりますが、「よい店知ってるので、今度、飲みにいきませんか?」という「口実」を設ければ、その本音をしっかりと隠すことができるし、また相手も「ただ、飲みにいくだけだから」と自分を納得させることができるのです。

このように、口実というのは、人間関係をスムーズに運ぶ潤滑油の働きをする素晴らしいものなので、どんな時もこれを利用しない手はないのです。

目次

第二章　正しく考える方法

「何が得かを知る」のが考える目的だ
みんなに得なことが、自分にも一番得になる？
家族形態の違いが「人の思考」に影響を及ぼす
「正しく考える方法」はどうすれば身につけられるか？
理性はだれにも公平に分配されている
「考える方法」には四つの原則がある
「小さく分けて考える」ことで見えるもの
お得なパックツアーを探し出す方法
「じゃんけん必勝法」は存在する
デカルトの「考える方法」を応用した論文の書き方
後から生まれる人ほど、新しい問いを立てにくくなる？

第五章　幸福のカギを握るシンプルな原理

資本主義社会の原動力は自尊心にあり
「面倒は嫌い」という動機が社会を発展させた
「面倒」の無限連鎖の中で人生は完結する
幸福を追求すると、他のだれかが不幸になる
商業資本主義が過剰に発達すると「人間」の概念が変わる
人生は「気晴らし」以上のものではない
グローバル資本主義に対抗しうる効果的な方法

編集協力／髙木真明

第一章　死ぬまで上昇カーブで力をつける

人生は〆切だ

故・山本夏彦さんに『世は〆切《しめきり》』（文春文庫）という名著がありますが、私は本当に、いやまったく本当に、人生は〆切だと思います。

たとえば、私は、もし、雑誌や書籍の原稿〆切というものがなかったなら、まちがいなく一行も書いていなかったと思います。

その証拠に、三十六歳になって、先ほど触れた『ふらんす』に連載を始める前まで、私は自分の文章というものをほとんど書いたことがありませんでした。もちろん、学位を取ったり、就職のために学会誌に論文を書いたことはありましたが、一般人の目に触れるような雑誌などにはいっさい文章を発表したことがなかったのです。

その理由は、人を多少なりとも楽しませて、その代価として原稿料がもらえるようなものを書くという自信がなかったこともありますが、それ以上に、この期日までに書かないと、他の人に迷惑をかけるという切迫感がなかったことです。

そう、この「他の人」という要素が大切なのです。その反対に、「この期日まで」と〆切を区切る人が自分だとすると、この自分というのは限りなく甘い存在ですから、「あのー、どうも期日までには書けそうもないんですが？　〆切遅らせてくれませんか？」と頼むと、「そうですか。じゃあいいですよ、〆切を延ばしましょう」といとも簡単に答えてくれるのです。その結果、この自分という編集者はどんどん〆切を後ろ倒しにしてくれて、結局、何も書かなくても何の文句も言ってこないのです。「ああよかった、催促はないや」と思って、はっと気づいた時には、もう「寿命」という絶対の〆切が来てしまっているのです。

一方、編集者という名の現実の他者は決して甘くはありません。「ごめんなさい、どうしても書けないんです」と泣きつくと、「困りましたね。うちじゃあ、〆切はけっこうギリギリに設定してあるので、○○日が最終校了です。最低、その前日の××日には原稿を入れていただかないと」という答えです。知り合いの別の編集者にこういう場合、編集者というのはどう考えているのか聞いたところ、「とにかく、何でもいいから原稿を入れろ。原稿入れたら、その後は死んでもいいから原稿入れろ、という気持ちですね」と何とも恐ろしい言葉が返ってきました。

そこで、「それでも原稿が入らなかったらどうするんですか?」と重ねて尋ねたら、「二度とその人には原稿を頼みませんね。次の担当編集者に引き継ぎの時には、この人はよく原稿落とす人だから、要注意と申し送りします」ということでした。実際、原稿を落とすことが重なると、噂《うわさ》はあっというまに出版界全体に広まりますから、その物書きはブラックリストに載ったのも同然で、どこからも依頼が入ってこなくなるのです。

と、このように、編集者にとっては〆切というものは絶対的ですから、〆切をきっちりと守るのがベストな物書きで、この基準を満たすなら、書いた内容は二の次というようなことさえありうるのです。

ところで、こうした「〆切遵守が第一原則」というのは、別に出版業界に限ったことではありません。どの業界でも、「納期遵守」は第一原則で、これに違反した業者はたいていの場合、倒産への道をひた走ることになります。どんなことがあっても納期は守らなければならないのです。

そして、まことに不思議なことに、この〆切(納期)遵守という絶対的原則があると、百%不可能に思えるようなことも可能になってくるのです。

完全な準備なしに始めるから力がつく

これはよく文壇のパーティーなどで、デビューしたての物書きと交わす会話です。

「鹿島さん、いったい、いくつ連載を抱えていらっしゃるんですか?」

「さあ、正確に勘定したことはないけれど、毎月、十数本はあるかな」

「〆切クリアーするのが大変でしょう。ぼくなんか、絶対無理だな」

「いや、やってみると案外できるものですよ。〆切の力は偉大だから」

それから数年後、またパーティーでかつての新人に会った時の会話です。

「ずいぶん頑張ってますね。ぼくが言った通り、やってみればできるもんでしょ」

「本当ですね、〆切の力は偉大です」

ことほどさように、不可能を可能にするのが〆切というものなのです。

進みながら強くなるために、あるものをうまく使い回すのがコツなのです。

さて、他発的な後押しを受けて、いよいよスタートしなければならなくなったとしましょう。しかし、こんな時、ほとんどの人は非常に心細く感じるはずです。

それは、何かしようと思っても、手元にはそれをするのに必要な道具がそろっていないということです。道具なしでは何も作れないことは確かです。しかし、完璧な道具がそろうまで待っていたら、スタートの機会は永遠に訪れないというのもまた確かなのです。

こんな時には、どうすればいいのでしょうか?

それにはクロード・レヴィ＝ストロースという人類学者が『野生の思考』で展開したブリコラージュという考え方が参考になります。

ブリコラージュというのはフランス語で、日曜大工が自分で修繕したり、あるいは腕の悪い大工がやっつけ仕事をすることを意味しますが、レヴィ＝ストロースは未開人の生活を観察する過程で、彼らが家を建てたり何か作業を行ったりする時に、あらかじめ設計図を引いてゼロからスタートするのではなく、すでにあるものや道具をその本来の用途とは違うやり方で用いて、たとえば、トンカチがないのでバールでクギを叩《たた》くというように、今、手元にある道具を使って当面の必要性を満たしていくことに注目し、これは人類がもっている原型的な知恵のタイプだと見なしてブリコラージュと命名したのです。

このブリコラージュの概念は、私たちが進みながら強くなろうとする時にとても役立ちます。

さあ、会社で何か新しいことを始めようと思っても、その新しいことをするのに必要なノウハウも人材も道具も金もないという時、調べてみたら、会社には少し応用さえすればとりあえずは間に合うような機械、道具、人材があることがわかったので、当面はこれらを用いて新規事業を始めてみようかということになります。

そう、ないならば、あるものをうまく使い回そうというのがブリコラージュの精神なのです。

もちろん、いつまでもそれでいいというのではありません。新規事業が軌道に乗りそうだとわかったら、使い回しはやめて、本格的な工作機械を導入したり、専門のスタッフを雇いいれればいいのです。

しかし、こうしたことは、いきなり最初からというわけにはいきません。とりあえずはブリコラージュでというのがリスク回避の知恵なのです。

ところで、このブリコラージュには、新しい業態を開拓したり新規事業を立ち上げるための可能性も隠されています。ブリコラージュで済ませた機械や道具の精度を上げてこれを製品化すれば、マーケットは一気に広がるわけです。ブリコラージュそのものが新製品開発につながるのです。

実を言うと、私のこれまでやってきたことは、基本的にすべてこのブリコラージュそのものを商品化するという方法論に基づいています。

私は調べ物をしている時でも執筆をしている時でも、「ああ、こんな本があったらいいなあ。さぞや便利だろう。だれか書いてくれないかな」と思うことが多いのですが、いつになってもそういう本は現れないので、「仕方ない、自分でそういう本を作ってしまおう」と決意して、新しい本を書くということを繰り返してきました。ですから、基本的に、私の本というのは、先行する何かの本の真似ということは基本的になく、ブリコラージュが既存のものをオリジナルなやり方で使うという意味で、ブリコラージュ的な発想に基づいているつもりです。

アウトプットしながらインプットすると力がつく

進みながら強くなるには、途中でエネルギーを補給することが不可欠です。

さて、進みながら強くなろうと思いながら、ブリコラージュでかなりの距離を進んだとしましょう。やってみると、思っていたよりもはるかに自分の潜在的能力はあるもので、最初の難関をくぐり抜けると、徐々に苦しさも減ってきて、ランナーズ・ハイになったマラソン・ランナーのように快適に飛ばすことができました。

これは、卒業式などの機会に学生たちに言うことですが、どんな人でも自分で思っているよりもはるかに能力があるもので、その潜在能力というのは本人にはなかなか認識できないものです。やってみて初めてわかることが多いのです。

その結果、「案外、おれ（わたし）は凄《すご》いんだ」と自分で自分を褒めてやりたくなることでしょう。「やってみると、本当にできるんだ。もしかすると、おれ（わたし）は天才かもしれない」などと自惚《うぬぼ》れが生まれてくることもあるかもしれません。

しかし、まさにこの時です。危機が迫っているのは！

というのも、ランナーズ・ハイの後には、今まで体験したことのないような本物の苦しさが待ち構えているからです。

マラソンの場合、あまり調子に乗りすぎて、自分の力を過信し、途中で水分補給や栄養摂取を怠ると、肉体がガス欠に陥り、ある地点を越えたところで棄権せざるを得なくなるのですが、人間の脳髄もこれとまったく同じで、途中でエネルギーを補給しそこなうと、完走できないままに終わることが少なくないのです。あれほどに華々しくデビューした天才少年・少女が、二作目は何とか出せても、三作目あたりからガクリと質が落ち、四作目はもう出ないということが少なくないのです。

これは簡単なことで、その人の脳髄の中の文学的・知的貯蓄がすでに尽きてしまっていることを意味しています。

この意味で、あまりに早く物書きデビューするのは考えものです。確かに、天才作家として持て囃《はや》されるのは気分がいいものでしょうが、永遠に天才であり続けるということはまず絶対にありえませんから、早すぎるデビューは警戒してかかるべきでしょう。夭折《ようせつ》の天才がもし生きていたら、その後どんな大物になっただろうというようなイフをする人がいますが、おそらく、その天才もそのまま書き続けていたら、最後は凡才になってしまっていたに違いありません。人間の脳髄の備蓄量には限度があるので、備蓄を使い切ったらおしまいなのです。

というわけで、アウトプットをしたら必ずインプットしなければなりません。問題はインプットの仕方です。

というのも、アウトプットしたら次はインプットと考えていると、アウトプットし終わって「から」、インプットに取り掛かるということになるのですが、たいてい、それでは遅いのです。

なぜでしょう?

それはアウトプットし終わって、脳髄がカラカラになった状態では、インプットしにくいばかりか、再び満タンになるまで相当の時間がかかるばかりか労力も要するからです。なぜなのかはわかりませんが、「才能出尽くし」の状態になってしまうと、才能の再注入ははるかに困難なものになるのです。

これを私は、鉄棒の懸垂《けんすい》にたとえています。懸垂では、いったん腕が伸び切った状態になると、どんなに腕力の強い人でも再びからだを持ち上げることは困難です。常に腕が伸び切らないような状態に保っておかなければなりません。

これが何を意味するかといえば、インプットはアウトプットをしているうちに行えということです。アウトプットをして調子が出てきたと思ったら、もうその時にはインプットを考えておかなければならないのです。

物書きの場合、一つの作品を書いている段階で、次回作の構想を練るとか資料集めを開始するとか、下準備に取り掛からなければなりません。余裕がある作家なら、次回作だけではなく、いくつかの作品の構想を同時に練ることもできるでしょうし、資料集めも同時並行が可能です。アウトプットし終わってからというのだけは避けなければなりません。

企業についても同じことが言えます。ある製品が爆発的に売れたからといって、工場の生産ラインを全部その製品のために使うとか、あるいは、次の製品の開発を怠るとかすると、人気製品の需要が飽和状態になったとたん、その企業は危機に立たされることになります。他に売るべき製品をまったく持っていないからです。したがって、アウトプットに成功したら、ただちにインプットに本格的に取り掛からなければなりません。

ソニーにしろ、シャープにしろ、サムスンにしろ、危機は絶頂のすぐあとに控えているという大原則を忘れたからこそ、業績が急カーブで落ちこんでしまったのです。

手を広げるか、一つのものを盤石にするか

アウトプットを続けているうちにインプットを開始するというのが「進みながら強くなる」ための秘訣《ひけつ》ですが、しかし、この原則を貫くのは思いのほか難しいものです。その原因の一つに、多方面展開しすぎて、どの分野で再インプットをすべきか見極めがつかない場合があります。

物書きをサンプルに取ると、デビューの時から専門を持たないなんでも屋の場合がそうです。雑誌全盛時代に、コラムをいくつか掛け持ちしている若手の物書きが目につきましたが、専門を持っていないと、四十過ぎてからがキツくなるのです。歳をとるにしたがって感受性が摩耗しますから、流行ネタにいちいち敏感に反応することが苦痛となり、何か

まとまったものを書きたいと思っても、専門を持たずに早くデビューしたがために、戻るべき陣地がないのです。

そう、専門というよりも、正しくは出撃基地ないしは母港と言うべきでしょう。エネルギー切れになったり、故障したりした場合、戻って次の出撃に備えることのできるような基地や母港が必要なのです。基地や母港があれば、とりあえず専門の分野に限定してインプットを行い、物書き稼業を再開できますが、初めからなんでも屋だと、どのアイテムでエネルギー補給したらいいかがわからず、途中でエネルギー切れがいっせいに始まって沈没してしまうのです。こうしたなんでも屋の悲劇については、バルザックが『幻滅』で百八十年前にすでに書き尽くしていますから、参照してください。

このことは物書きに限らず、すべての分野に適用可能です。たとえば、これから、飲食業を始めると仮定しましょう。フレンチでもイタリアンでも中華でも何でもいいのですが、開店してすぐに潰れる店には共通した特徴があります。どのメニューも平均してうまくて値段もリーズナブルなのですが、「うん、これはうまい。ぜひ次も来よう」と思わせるような絶品メニューがないという点です。どれか一つでもそう思わせるメニューがあればいいのですが、シェフの腕前やコスト計算の限界というものがありますから、突出したメニューというのは作りにくいものなのでしょう。極端に言ってしまえば、究極のメニューを一つ考案することができさえすれば、単品勝負でも一向にかまわないわけなのですが、そこまで腹をくくることはできないようです。

しかし、その一方では、一つのメニューに人気が集中することの危険というのもあります。あるメニューがマスコミに取り上げられて一気に売上が伸びたとしましょう。当然、店に来るお客さんはそのメニューだけを注文するので、店としては他のメニューを減らしてその人気メニューに集中することになります。ところが、その人気の出方がマスコミの煽《あお》りによって一時的に火がついたにすぎなかった場合には、話題の賞味期限が切れると、人気メニューだったはずのものがいつのまにか普通のメニューに戻り、メニューの数を減らしたことがそのまま売上減につながってしまうようなこともよくあるのです。絶対的においしいメニューでない場合には、浮かれて、一極集中することは禁物です。

企業に話を広げても同じことが言えます。ただ、企業の場合、社会的分業の原則からして、あらゆるものを扱うということは総合商社以外にはありませんが、多角的事業展開で、専門でない分野にも進出しているケースはままあるでしょう。そうした場合、好景気の時にはいいのですが、不景気の局面に入ると、後から進出した部門はどうしても不採算部門になりやすいものです。そうした時には、やはり出撃基地である専門分野に一度撤退して態勢を整え、再出撃を目指すべきではないでしょうか？　いずれにしろ、専門分野で培った知識やノウハウというのは思いのほか貴重な財産で、それを持っていることが企業が大きく発展するための礎《いしずえ》となることが少なくないのです。

進みながらエネルギー補給する秘訣

しかし、多分野展開はどんな場合も御法度《ごはっと》かというと、決してそんなことはありません。むしろ、進みながら強くなるための近道の一つでもあるのです。

というのは、進みながら強くなるには、いつも同質同量のエネルギーを補給していたのではダメで、異質異量なエネルギーをさまざまな形で補給することに尽きるといってもいいからです。

私の場合をサンプルにしてみましょう。

私の専門はフランス文学とフランスの社会史で、もともとかなり間口の広い方だと自任はしていたのですが、しかし、物書きとしてデビューした時には、こうまでいろいろな分野に手を広げるようになるとは思っていませんでした。

では、多分野展開をした理由はというと、苦し紛れだったというのが実情です。

私は『子供より古書が大事と思いたい』（青土社）という本で書いた通り、十九世紀のフランス古書の収集にのめりこむあまり、たいへんな借金地獄に陥り、そこから抜け出そうともがいているうちに物書きになったようなものです。そんな借金地獄にある時、荒俣宏《あらまたひろし》さんと話す機会を得たので相談を持ちかけたところ、荒俣さんは「来た注文を片っ端から引き受けることですね」とあっさり答えられました。私が「でも、そんなことは荒俣さんにしかできないでしょう」と言うと、「いや、死ぬ気になってやれば、できないことはないですよ」との答えが返ってきました。そして、続けて、荒俣さんはこうおっしゃったのです。「どんな注文でも片っ端から引き受けているうちに、段々、力関係が逆転して、こちらの方の立場が強くなりますから、そうしたら自分の好きなことを書けばいい。そこまで頑張ることですよ」

以来、私は荒俣さんの「来た注文は無差別に引き受けよ」という言葉を金科玉条として心に刻み、その忠告通りに実践したわけですが、そうしているうちに、まず、「自分の物書き体力」が少し増えたように感じました。つまり、ちょっと前まではヒーコラ言っていた枚数を難なくこなすことができるようになったばかりか、その内容もスピードの割には悪くなっていないことに気づいたのです。こんなことを書くと、「何を自惚れた」と言う人がいるでしょうが、この「書きまくり」の時期のテクストは『パリ時間旅行』と『パリ・世紀末パノラマ館』(ともに中公文庫)に収録されていますから、検討なさりたい方にはどうかこれらを繙《ひもと》いていただきたいと思います。私は自分の書いたものに対しては客観的な判断が下せるタイプと思っていますが、それほどにひどいものだとは思いません。

それはさておき、こんな無差別引き受け時代においても、敢《あ》えて引き受けを断った原稿もあるのです。

それは、デパートとか万博といった、私がすでに一冊のモノグラフィとして書き上げて完結感が出てしまったようなテーマでまったく同じようなことを書いてくれという注文が入った場合です。こうした注文は、よほどのことがない限り（つまり、原稿料が法外にいい場合を除いて）、全部きっぱりと断りました。というのも、マスコミで「潰される」のは、ほとんどがこの「同じ歌を歌わされる」ケースであることを知っていたからです。

マスコミというのは、無責任なもので、何か「旬な」才能を見つけると、いっせいに飛びついて、「同じ歌を歌ってくれ」と頼みます。こんなことをしたらこの物書きが早晩潰れるのではないかといった配慮は皆無です。自分たちの雑誌の目次に「旬な」新人の名前が並べばそれでいいのですから、内容が繰り返しであっても一向にかまいません。むしろ、繰り返しであればあるほど歓迎されるのです。そのため、舞い上がった新人が同じようなことをどの雑誌にも書きまくると、「あいつはもう出がらしだ」と判断されてしまい、次なる注文はやってきません。こうして、マスコミは、株の銘柄物色さながらに別の新人の物色に移るのです。

しかし、本当のことを言うと、こうした「同じ歌を歌う」危険性はマスコミに飽きられるということではありません。真の危険は、「まったく進まず、ちっとも強くならない」という結果を生むことなのです。それはそうでしょう、いつまでも「同じ歌」を歌い続けていたら、歌い方が落語のように「練れて」くることはあっても、それが新たな力になることはありません。

とはいえ、「同じ歌を歌え」というマスコミの注文を片っ端から断っていたのでは、たちまち注文は来なくなります。「あいつは新人のくせに生意気だ」という評判が立ってしまうからです。これは、物書き稼業で食べていこうと決心した新人にとっては由々しき事態です。マスコミの注文を片っ端から断っても、片っ端から受けても、どちらの場合も注文が来なくなるという点では選ぶところがないのです。

ではいったい、こうした難局を切り抜けるにはどうしたらいいのでしょうか?

リクエストと違うことをして、注文主を満足させる方法

それは、注文主である編集者と交渉することです。編集者は、ほとんど例外なく、「同じ歌を歌え」と言ってきます。これに対して、「同じ歌は歌えない。まったく別の歌を歌いたい」と答えたのでは、交渉決裂で、注文は取り消しになります。これは回避しなければ

ばなりません。

そこで条件交渉ということになります。同じ歌は歌わないが、同じテイストの違う歌なら歌ってもいいというのがベターな答えです。たとえば、私がボン・マルシェ・デパートの創業者であるブシコー夫妻のことを書いた『デパートを発明した夫婦』（講談社現代新書）に対して、「同じ歌を歌ってくれ」という注文が来たとすると、ボン・マルシェのことはもう書いてしまったから、そのライバルだった「ルーヴル・デパート」のアルフレッド・ショシャールのことなら書いてみたいと思っていると答えるのは優れた条件交渉の一つだといえるでしょう。

しかし、これでは同時代のライバルのミニ・バイオグラフィですから、「進みながら強くなる」にはあまり貢献しません。

私の場合、実際には、少し考えてから、こんな逆提案をしたのです。

「デパートのことはもう書いて完結感が出てしまっているけれど、その先駆形態であるパサージュのことはまだあまり触れた人がいないので書いてみたい」

実際、この提案は受け入れられて、私は、評論家の向井敏《さとし》さんが編集長をつとめられていた『Japan avenue』に、パリのパサージュについて、おそらく日本でも初期の部類に属する研究的エッセイを書きました。これは『パリ時間旅行』に「パリの時間隧道《パサージュ》」として収録されています。今思うと、本を数冊出しただけの新人の逆提案を編集者がよくぞ聞き届けてくれたと感心しますが、おそらく、評論家だった向井さんが「同じ歌は歌いたくない」という私の訴えに理解を示されたためだったに違いありません。

ことほどさように、『パリ時間旅行』や『パリ・世紀末パノラマ館』は、「同じ歌を歌わないか?」という注文に私が逆提案をすることで成立した記事ばかりが集められていますから、それ以前の著作とはテーマ的に被らないで済んでいると思います。しかも、それはたんにテーマが被っていないだけではなく、「進みながら強くなる」ことにかなり貢献していたようです。

というのも、そこからは「同じ歌を歌え」という注文ではなく、「新曲を歌ってみないか」というありがたい注文をいただくようになったからです。『文學界』に連載されて『パリの王様たち――ユゴー・デュマ・バルザック　三大文豪大物くらべ』(文春文庫)というタイトルで本になったテクストは、私にとって列伝という新境地を開いた「新曲」として機能し、そこから『ナポレオン　フーシェ　タレーラン――情念戦争1789―1815』（講談社学術文庫）というもう一つの列伝が生まれることになりました。

専門外の注文は力をつけるチャンス

さて、「同じ歌を歌え」という注文に対して、逆提案をして同じ歌を歌わずに「進みながら強くなる」のが物書きサバイバルの方法だと言いましたが、企業の場合、これはそのままでは当てはまりません。というのも、永遠に同じ歌を歌い続けることも、つまり永遠の定番商品を売ることも不可能ではないからです。日清食品のチキンラーメンやカップヌードル、あるいは江崎グリコのポッキーなどです。確かに、そうした定番商品というものも、食品や衣料品に関しては存在するでしょうが、日進月歩を続けるテクノロジー利用の工業製品に関しては、「同じ歌を歌う」のが正しいとはいえません。むしろ、同じ歌を歌っていたのでは、その企業の倒産は目に見えています。

では、どうすればいいのでしょうか？

それはやはり逆提案を利用するということです。しかし、企業の場合、逆提案をしてくるのは消費者（部品メーカーの場合は最終的な完成品の会社）であることが多いようです。これに乗ればいいのです。ただし、それは企業の側に、「同じ歌ではなく新曲を歌いたい」という願いがある場合に限られます。つまり、同じ歌ではなく、新曲の成功こそが企業を「進みながら強くする」のです。

具体的に見てみましょう。

あるメーカーが作ったある商品が消費者に支持されてベスト・セラー商品になったとしましょう。メーカーとしては、その商品が売れ続ける限り、同じ生産ラインで同じ「歌」を歌い続ければいいのですから、こんなに楽なことはありません。コスト的にももっとも安上がりです。しかし、現代は資本主義社会、つまり違法でない限り競争の許される社会ですから、いずれその売れ筋商品を越える商品が現れるはずです。そして、その「より優れた、より安い商品」が市場に出たとたんに、もとのベスト・セラー商品は売れなくなるのが道理です。つまり、企業にとってもいつまでも同じ歌を歌っていたのでは倒産への道を転がり落ちることになります。やはり、新曲が必要なのです。

しかし、考えてみると、その新曲というのは実に作りにくいものなのです。というのも消費者からの希望を取り入れるといっても、それでは製品の改良にはなっても、新曲にはならないからです。同じテイストの上級バージョンかロー・コスト・バージョンといったところでしょうか？

では、新曲はどのように作ればいいのでしょうか？

それはやはり、メーカーの側の、同じ歌ではなく、新曲を歌いたいという強い希望がもとになるしかありません。つまり、需要があるから供給があるのではなく、供給が需要を作り出すというように持っていかないと、新曲、つまり、自分たちが創意工夫を凝らしたおもしろい商品というのは生まれてこないのです。もちろん、マーケティングということは不可欠ですが、マーケティングでは顕在化していない需要というものを掘り起こすことは困難です。画期的な商品が生まれて初めて新しい需要が生まれるということも十分にありうるのです。

ただ、かつての日産のように、生産サイドが消費者の需要を無視して一方的に作りたいものを作るのでは、いくら新曲が生まれても無意味です。新曲もやはり売れなければいけないという宿命を負っているからです。

しかしならば、同じ新曲でも売れる新曲を作るにはどうしたらいいのでしょうか？

やはり、それは「こんなものを作ってくれ」という提案に対し、「それではつまらないから、いっそこんなものを作ったらどうだろう」と逆提案をするところから始まると思います。提案を踏まえた上での逆提案こそが、ヒットする新曲作りの勘所であり、そのやり取りの過程が「進みながら、企業を強くする」秘訣なのです。

もう一つ、意外に無視できないのが、専門外からの注文です。

私の場合、最初の専門外の注文は雑誌『東京人』から戦後の衣食住の文化を築いた昭和三十年代の企業家や文化人の列伝を書いてみないかという形で現れました。後に『この人からはじまる』（小学館文庫）というタイトルで本になった連載「東京ベル・エポック」ですが、最初、この注文を受けた時、私はおおいに迷いました。確かに、団塊世代の日本人である以上、自分の無意識のバックボーンになっている昭和三十年代の文化には興味があるし、またその時に起こったエピステーメー（知の枠組）の変化についてはこれを解明したいと思ってはいる。しかし、自分の専門のフランス文学やフランス文化とはあまりに畑違いではあるまいか?

しかし、こうした疑問を抱いた時、こんな内心の声が聞こえたのです。

「確かに専門外かもしれないけれど、まだだれも手をつけてない分野なんだから、やってもいいんじゃないか?」

どうも、私はこの「だれも手掛けたことのない」という一言に弱いようで、自分の内心の声ながら、「そうだ、その通りだ」と深くうなずいてしまったのです。もう一つ、私の背中を押してくれたのは、私が取り上げたいと思っている各分野のパイオニアたちはまだ存命で、今なら直接話が聞けるということがありました。事実、冗談音楽の三木鶏郎《とりろう》氏やヴァンヂャケットの石津謙介さんはインタビューしてから数年後に亡くなりましたので、貴重な証言をいただいたことになります。

では、こうした専門外の注文を引き受けたことで、どのような面で「進みながら強くなる」ことに役立ったかというと、人は自分の生きている時代のエピステーメーから外に出ることはなかなかできないが、そのエピステーメーの限界に限りなく近づく努力をしない限り、新しい時代を切り開くことはできないというミシェル・フーコーの主張が血肉を伴った形で理解できたことです。まことに逆説的ですが、いくら読んでもよくわからなかった『言葉と物』や『知の考古学』の主張が、キャバレー王の福富太郎氏や即席ラーメンの発明者・安藤百福《ももふく》氏の功績を調べるうちに何となく理解できるようになったのです。

これは不思議な体験でした。専門をいったん離れて、専門外の視点を獲得すると、逆に専門のことがよく見えてくるということで、この「外からの視点」は「進みながら強くなる」ことを目指す上で大きな財産となりました。

また、さまざまなパイオニアにインタビューする過程で得た個別の教訓もその後にずいぶん役に立ちました。

そのうちの一つが、ホリプロの会長の主張する芸能プロのサバイバル戦略です。堀威夫《たけお》氏は、「高校三年生」の大ヒットを飛ばした舟木一夫が独立をはかった時、「一人のタレント依存率は二割五分が上限」という原則を割り出し、以後、このモットーを守ったがために、山口百恵《ももえ》の引退でも倒産せずに済んだと語られましたが、私はこれは独立事業主である物書きのサバイバルにも通じるとして、「書けるジャンルを四つ持つ」ことを心掛けるようにしました。こうしておけば、どれか一つの得意ジャンルへの注文が下火になっても、平均年収を落とさずに済むと思ったからです。

さて、以上のことは、一般の企業にもそのまま当てはまるのではないでしょうか？ というのも、最近は、リスク回避ということで多分野展開が企業のサバイバル戦略と言われるようになっていますが、その失敗例と成功例を分析してみますと、失敗例の多くが「今流行《はや》っているから」とか「儲《もう》かりそうだから」という理由で畑違いの分野に進出するケースであるのに対し、成功例は、専門外からの注文を受けた時に、これをいきなり断らずに、自社の業態を転換ないしは拡大するチャンスと捉《とら》えて、自社の専門技術の応用を図ったケースに見られるようです。

専門外からの注文には、「進みながら強くなる」もう一つのヒントが隠されている場合が少なくないのです。

読書こそ「進みながら強くなる」ための王道である

とはいえ、専門外の注文には多くのヒントが隠されているにしても、こうした注文が頻々《ひんぴん》と入ってくるわけではありません。しかし、専門の注文だけに限定してしまうと、よほどうまくやらないと「進みながら強くなる」ことは難しいのです。

私の場合、こんなジレンマに陥っている間にも、書評の注文だけは相当に入ってきましたので、これを何とかこなしていました。

書評というのは、注文主としてもっとも「出しやすい」類《たぐい》の原稿らしく、新人にはよく書評の依頼があります。

ところが、書き手サイドからすると、書評ほど割に合わない仕事はありません。というのも、書評というのは多くて四百字詰原稿用紙三枚、普通は二枚といったところで、一枚一万円もらっても二万円か三万円にしかなりません。しかし、その割に手間暇はものすごくかかります。コスト・パフォーマンスは最悪と言っていいかと思います。そのため、書評の大変さを知っているベテランはなかなか引き受けないので、何も知らない新人に書評が発注されることになります。

引き受ける側の新人はというと、本を読んで適当な感想を書いておけばそれでいいんだと思っているので、気楽に引き受けるのですが、やってみると、これほど大変なものはないということがわかります。第一、原稿用紙二枚から三枚の中に、イントロと作品の要約と評価および評価の基準をしっかりと入れなければいけませんので、まともな書評を書こうと思ったら、読む以上に時間がかかるのです。

そのため、芥川賞や直木賞を取った新人が大新聞の書評委員に起用されても長続きすることは少なく、たいてい一年もたたないうちにやめたいと言い出します。書評なんかしていたら、自分の作品を書く時間がなくなってしまうからです。なんで、自分の作品を犠牲にしてまで他人の作品を読んでやらなきゃいけないんだ、と思うようです。

そのため、初めのうちは私も書評だけは断りたいと思っていましたが、例の「来た注文をすべて引き受けろ」という荒俣さんの忠告があったので、しぶしぶ引き受けていたのです。

ところが、一年たち、二年たち、三年たつうちに、あら不思議、本当に「進みながら強くなっていた」のです。必ずしも自分の意志に基づいて選んだわけではない本でも、書評するためにしっかりと読んで、制限された枚数の中で批評しようとすると、それだけで脳髄が鍛えられ、まるでボディビルのように、脳髄に新しい筋肉がついてきたことがわかったのです。

これは凄いと思いました。四十過ぎた人間の頭脳でも進歩することがあるのです。

この時期の書評は『歴史の風　書物の帆』（小学館文庫）に収録されていますが、私が、書評こそ「進みながら強くなる」ための原動力だと信じるに至った根拠がその「あとがきに代えて」に書かれていますから、引用してみましょう。

「私が本を評価していると考えるからいけないのであって、本のほうが私を試練にかけ評価を下していると考えればいい、という『逆転の発想』が浮かんだのである。ひとことで言えば、書評とは、書評する人間のほうが価値を評価される『人評』でもあるのだ」

そう、しっかりした本を読み、その本を要約・批評し、評価を下すことは、むしろ、こちらの脳髄の活性化につながるのです。

この確信を得てからというもの、書評というものをすればするほど「進みながら強くなれる」と思い、以後、二十年にわたってこれを実践してきたわけです。

ところで、この本は、一般のビジネスマンの読者も想定して書かれていますので、ここで一つ、「進みながら強くなる」ための読書の方法についても述べておきたいと思います。

その原則は、知の枠組を広げる方向で本を選べ、ということになると思います。つまり、問いに対する答えを探すことも必要ですが、問いを探すことの方がはるかに重要だということです。

その場合には、最初からいきなり、世界を動かす動因といった大問題にアクセスしようとせず、自分が日々接している日常、あるいは専門の仕事に関する読書から始めて、その枠組だけではどうしても解けない問題が存在していると気づくことが先決です。つまり、問いを立てる方法の模索を卑近なところから始めて徐々にレベルを上げていくのが正しい読書・選書の方法で、いきなり高邁《こうまい》な真理をつかもうとしてはいけません。

では、卑近なところで問いを立てるにはどうしたらいいのでしょうか？

それについては次章で取り上げることにしましょう。

第二章　正しく考える方法

「何が得かを知る」のが考える目的だ

「問いを立てる法」についてお話ししたいと思います。しかしその前に、「なぜ考える必要があるのだろうか」という原点に立ち返って考えてみなければなりません。

読者の方々は、両親や学校の先生、あるいは会社の上司から、「しっかり自分の頭で考えてみろよ」と言われたことはないでしょうか？

しかし、いったい何のために考えるのかということまで考えろとは言われないはずです。考えるんだったら、そこのところまで考えてみなくてはなりません。ただし、この問題について考え始めるとものすごく時間がかかるので、とりあえず、私が仮説として出した答えを披露してみましょう。

何のために私たちは考えるのか。それは、「自分にとって何が一番得なのか、それを知りたい」からなんです。

え？　そんな功利的な答えでいいの？　そう思うかもしれません。いくら何でも、考えることの目的がそんな利己的なことでいいの?

ところが、考える目的というのを徹底的に考えていくと、結局、それしかないんです。これこそが、あらゆることの原点なんです。人間は自分の得にならないことは絶対にしません。そこのところを、まず押さえておかなければいけません。

というのも、「自分にとって何が一番得なのか」ということを徹底的に考えると、不思議なことに、答えは「自分にとってだけ一番得になること」からどんどん遠ざかっていくからです。ただ、考える方法を知らぬままに「自分にとって一番得になることは何だろう」と考えると、短絡的な答えしか出てこないのは仕方ありません。まだ、考えるための方法を学んでいないのだから、そうなるのは当然なのです。しかし、ものごとをしっかり考えることのできる人が「自分にとって一番得なことは何だろう?」と考えると、決して単純なところには着地できないことがわかってくるはずなのです。

実を言うと、これが「哲学」なのです。「考えるとは何だろう」「自分にとって一番得になることは何だろう」という問題を、とことん突き詰めて考えていくと、それは自動的に哲学になってしまうのです。

しかし、今はそこまで行かなくてもいいでしょう。

「考えろ、と言われたって、いったい、考えることが何のためになるのだろう」という疑問だけを心にとめておいてください。

みんなに得なことが、自分にも一番得になる？

自分にとって一番得なことは何か？　言い換えれば、どのように正しく損得勘定を働かせるのか。それを考えるのは、決して単純なことではありません。

たとえば土地を買って家を建てる場合のことを考えてみましょう。

土地を買って家を建てたいと思っても、敷地の面積に対する建物の面積が決まっていて、一定の空き地を確保しなければなりません。法律で決められたこのルールを建ぺい率と言います。しかし、なるべく広い家に住む方が得なので、みんなが建ぺい率ギリギリに家を建てると、庭が狭く緑の少ない家ばかりになる。そういうゴミゴミと建てこんだ町並みは、見た目が汚いし、地震があれば火事が燃え広がりやすく、消防車が入りにくい。

このように、みんなが自分にとって得なことだけを考え、建ぺい率ギリギリの家ばかり建ててしまった町の資産価値は下がります。すると、自分にとって一番得なことをしたつもりが、逆に一番損になってしまう。

それよりは、たとえ少し家が狭くなったとしても、みんなが示し合わせて庭を広く取り、緑を増やして、建ぺい率に余裕のある家を建てた方が、美しく安全な町になって資産価値が上がり、自分に一番得なことになるわけです。

こういうことをみんなの頭で一生懸命考えなければいけません。

家族形態の違いが「人の思考」に影響を及ぼす

日本の社会は今、劇的に変わろうとしています。どのように変わろうとしているのでしょうか。日本が開国して百五十年になりますが、江戸時代までの社会と、開国以後の社会ではかなり違いますし、また、戦後、アメリカ的なライフ・スタイルが入りこんできてからは、考えるということ自体の目的がまったく違ってしまいました。

何のために考えるのか。それは先ほど言いました。「自分にとって何が一番得なのか」を考えることです。しかし大昔からそうだったわけではありません。

第一、「自分にとって」と考えること自体が、私たちが明治以後、西洋的な考え方を取り入れたことの証拠なのです。江戸時代までの考え方には、「自分にとって」という思考はなかったからです。

エマニュエル・トッドというフランスの家族人類学者がいます。彼は次のようなことを言っています。

西洋、なかでも英米やフランスといった国と日本はいろいろ違うのだけれど、もっとも根本的な違いは、家族形態の違いだ。家族形態の違いが、現在の私たちの「考える」ことにまで影響を及ぼしているのだと。

つまり、こういうことです。

イギリス、アメリカ、フランスを中心とした国の家族形態は「核家族」です。お父さん、お母さん、子どもの組み合わせが家族の最小にして最大の単位を形づくっています。子どもは大きくなって独立した生計を営むようになると親元を離れ、結婚して新しい家庭を作る。成人した未婚の子どもでも親と一緒に住むことはない。子どもが独立した時点で、親子はそれぞれの人格を認め合って互いに干渉しなくなる。そういう家族形態が、核家族というものです。

それに対し、日本、韓国、ドイツ、スウェーデンといった国の家族形態は「直系家族」と言います。これは、子どもが成長して生計を立てられるようになっても、親はそのうちの一人の子どもと同居するという家族形態です。子どもは結婚して子どもができても、お父さん、お母さんと同じ屋根の下に住む。こういうタイプの「親ー子ー孫」の縦型の家族が「直系家族」と呼ばれる形態です。

日本には「二世帯住宅」というものがあります。これは、もともと直系家族だったものが核家族的に変化したけれど、完全な核家族にはなれないということで、便宜的に発明された住居形態です。したがって、フランスやイギリスには、そもそも二世帯住宅という言葉がないし、そういう住居もない。そんな考え方はないからです。子どもが独立したら、同じ町に住むことはあっても、隣には住まないし、ましてや同じ屋根の下には住まないのです。

その代わり、独立したらもう、お父さん、お母さんに頼ることはありません。経済的に親が凄い金持ちでも子どもは貧乏なんてこともあるし、その反対もあります。いずれにしろ、独立以後は、完全な自由を得る代わりに、すべて自分で決めたことの責任は自分一人で引き受けなければいけない。一面では厳しい社会です。

ところで、戦後、日本は、そういうタイプの核家族的社会へ移行すべきだと考えたのですが、あくまで意識のレベルにとどまって、無意識のレベルには達していません。無意識ではあい変わらず直系家族のままなのです。

ただ、社会の表面の部分では、核家族への移行は始まっているし、移行は必然的なものです。というのも、直系家族型の家族形態とは対立するけれど、核家族型の家族形態とは相性のいい社会システムが戦後、アメリカニズムとともに日本の社会に入ってきたからです。

それは英米型の「マネー資本主義」です。マネー資本主義はお金の匿名性（名前がないこと）の原理で動く社会システムです。お札というものは、所有者の名前を書いて使うものではありません。そのため、お金はだれが持っていてもいいし、それを使ってどんなものを買ってもいいということになります。商品ならどんなものでも即座に買えます。そして、このマネー資本主義のすごいところは、国境を軽く越えていくということです。世界通貨であるドル（マネー）を持っていれば、どんな辺境に行ってもドルでものが買えます。これが現在、マネー資本主義とかグローバル資本主義と呼ばれるもので、世界中のものを買い占めては市場を混乱させ、売り抜けては大儲けしているのです。

その結果、それぞれの国が固有の家族形態と文化を持っていても、このマネー資本主義が入りこんでくると、どんどん均一的な方向に変化していきます。どこに行ってもスターバックス・コーヒーとマクドナルドがあって、同じようなゲームに子どもが熱中している。そうした子どもが大人になると、同じようなことが倍になって繰り返されますから、最終的には、世界中がマネー資本主義と最も相性のいい家族形態、つまり核家族形態に近づいてくることになるのです。

ところが、意識のレベルでは、核家族とマネー資本主義で世界中が支配されはするのですが、無意識のレベルとなると、そうはいきません。というのも、長い間、それぞれの国特有の家族類型で暮らしてきたため、個々人の考え方を超えた集団的なレベルでの考え方がその特有の家族類型の影響を受けて固定してしまっているからです。そのため、表面のレベルでは核家族類型の考え方を受け入れても、無意識のレベルでは前の家族類型の考え方が強く残っていますから、この二つの間で矛盾が生じ、軋轢《あつれき》が起こることになるのです。

以上が、エマニュエル・トッドの言っていることです。

「正しく考える方法」はどうすれば身につけられるか？

日本を例に取って考えてみましょう。日本は直系家族類型です。あるいは少し前までは直系家族でした。そのため、この直系家族の考え方、メンタリティーが強く残っていて、私たちの無意識を規定しています。

どんなふうに規定しているかというと、一つは、「自分の頭で考える」ということをしないということです。

直系家族の特徴は、自分の頭で考えなくとも、だれか他の人が考えてくれるという点にありました。お父さん、あるいはお母さんの言う通りにしていれば、それでよかったのです。「この学校があなたに一番向いているから行きなさい」「この会社がいいから入りなさい」「この人と結婚するのが一番いいから結婚しなさい」と、そんなふうに、お父さん、お母さんが人生の大事なことまで全部決めてくれたのです。そういう社会が日本にもかつてはあったし、あるいは、今もあい変わらずあるかもしれません。

では、こうした直系家族の国では、お父さん、お母さんはいったいだれからそうした「正しい考え方」を教えられてきたのでしょうか？　お父さんの親、お母さんの親からです。つまり、先祖代々、伝えられてきたことを次世代に伝えるという形を取ってきただけで、だれも自分の頭で考えたことはなかったのです。

また長男が大きくなってお嫁さんをもらい、父母と同居して、やがて子どもが生まれるとします。すると、このお父さんは、自分の頭で考えることをせずに、自分の父母から教えられたことをそのまま子どもたちに教えることになります。

そのため、直系家族の国は、伝統墨守のタイプが多く、突飛な考え方やとんでもない考え方というのは生まれにくいのが普通です。その代わり、技を後世に伝えるというようなことは得意で、ドイツならマイスター、日本なら匠《たくみ》ということになります。

これに対して、核家族類型の国というのは、親と子どもの関係が権威主義的ではなく、切れていますから、親が子どもにいちいちああしろこうしろと命ずることはありません。そのため、子どもは自分を守るために自分の頭で考えることを学ばざるを得ないのです。こうした核家族類型の思考法が生んだ物語の典型がデフォーの『ロビンソン・クルーソー』です。ロビンソン・クルーソーは、無人島でだれも助けてくれない状況でサバイバルするために、徹底的に自分の頭で考えて行動するほかはありません。核家族類型の子どもと同じ立場なのです。

このロビンソン・クルーソーの物語を読んでわかるのは、何をどうすれば一番自分に得になるかを日々考えるということが考えることの本質だということです。

言い換えると、すべて自分の責任で、リスク（危険＝もし失敗したらどれほど損するか）とベネフィット（便益＝もし成功したらどれくらい得するか）を秤《はかり》にかけて、最小リスクの最大ベネフィットを得る方法を考えるということです。これがまさに核家族類型の生んだ考え方ですが、マネー資本主義の浸透とともに、今や、この考え方が世界水準になりつつあるのです。

ところが、長い間、直系家族でやってきた日本人は、この「自分の頭で考える」ということ、つまり、リスクとベネフィットを秤にかけながら短期的ではなく長期的に見て何が一番自分にとって得になるかを考えることが最も苦手なのです。それは当然です。「自分の頭で考えるな」と親や先生から言われ、自分の頭で考えたくても、その方法を教えてもらっていないからです。

それは、泳ぎ方を教えてもらっていないのに、自分で泳いでみろと言われるのに等しいと言えます。ですから、日本で親や先生から「自分の頭で考えろ」と言われたら、「でも、自分の頭で考える方法を習っていないからできません」と答えていいのです。だって、実際に教えられていないのだから、仕方ないじゃないですか。

そうなんです。「考えろ!」と言われたって、「どうやって考えたらいいの?」と思いませんか? そこが一番の問題です。

日本の教育では、残念ながらあまり考える方法を教えません。それは、日本の学校で教えるのは試験勉強が主だからです。試験には必ず正解があります。日本では、正解がない試験問題を作ってはいけないことになっています。たとえば正解のない入試問題を作ったら、まず予備校や高校から文句が出ますし、文部科学省の指導が入ります。そのため考える方法を教えたりするよりも、簡単に正解に到達できる方法を教えて、覚えさせた方がいいということになります。

しかし、本当に「考える」ということは、答えがないことについて考えることなのです。ところが、日本の学校では、覚えることは教えるけれど、考える方法については教えないのです。

中学生、高校生は「試験があって大変だな」と思っているでしょう？　でも、実をいうと、試験なんて楽なもんですよ。答えが決まっているからです。答えのない試験はありません。必ず正解がある。それを考えればいい。こんな楽なことはありません。

でも、学校を卒業して社会へ出ると、正解のないことを考えなければいけません。社会は正解を用意してくれてはいないからです。

それゆえ、正解のないことを自分の頭で考えるには、「考える方法」を身につけることが第一なのです。

では、「考える方法」というのはどのようにすれば身につけることができるのでしょうか？　それは、「問いを立てる方法」を学ぶことに始まると思います。

しかし、問いを立てると一言で言っても、これは案外難しいものです。それどころか、この世で一番難しいことかもしれません。なぜなら、問いが立てられたら、答えがまだ出ていなくとも、八割くらいの割合で、その人はもう勝利を手にしていると言えるからです。なぜかといえば、問いから答えを導く方法というのは、すでにさまざまな分野で確立されているので、その方法さえ習得していれば、機械的に問題の解決にまで至ることができるからです。

ところが、問いを立てるということには、これといった方法がないように思えます。直感とかインスピレーションに恵まれた人は優れた問いを思いつくけれど、凡庸な人は問いが立てられないと信じられているからです。

しかし、本当に問いを立てる方法というのは存在しないのでしょうか？

そんなことはありません。問いを立てる方法はある、と言った人がいます。ルネ・デカルトという十七世紀のフランスの哲学者・科学者です。

理性はだれにも公平に分配されている

十七世紀のフランスに生きたデカルトは自分の頭で徹底的に考えたあげく、『方法序説』という書物で「問いを立てる方法」はある、と述べました。

『方法序説』の冒頭でデカルトは〝bon sens　ボン・サンス〟という言葉を使っています。これは日本語では、「良識」と訳されますが、むしろ、はっきりと「理性」と訳すべきでしょう。すぐ後のところで、デカルトはボン・サンス＝理性と言っていますから。

では、ボン・サンス＝理性について、デカルトはどんなことを述べているのでしょうか？

ボン・サンス＝理性はこの世でもっとも公平に分配されているものであると、デカルトは述べているのです。その証拠に、「私には理性の配分が少ない！」と神様に文句を言う人は一人もいない、と。たとえば、「私は速く走れない。不公平だ」とか「私は美人（美男）に生まれなかった。不公平だ」といったことで神様に文句を言う人はいるかもしれません。ところが、「理性が足りない！　なんでもっと理性をくれなかったんだ！」と神様に文句を言う人はいない、というのです。だから、ボン・サンス＝「理性」は各自にもっとも平等に分配されているものである、というわけです。

にもかかわらず、理性的に正しい推論のできる人がいる一方で、短絡的で誤った考え方しかできない人がいる。その差は何かというと、「問いを立てて、これを正しく推論する方法」を知っているかどうか、ということにつきる。したがって、私が構想している本で、その問いを立て、推論を導くために正しく考える理性的な方法を述べることにする。この部分はその序説である、というのが『方法序説』のタイトルの由来です。ですから、内容を汲《く》んで説明的なタイトルにすれば、『問いを立て、推論を導き正しく考えるための方法序説』ということになります。

何であれ、方法を知っているのと知らないのとでは、まったく結果が違います。問いを立て推論する方法を知っていれば、どんな状況が起ころうとも、その状況に応じて理性を働かせ、対処することができるはずです。だから、もし理性がだれにも公平に分配されているのなら、そして、問いを立て考える方法が全員に正しく教えられているのなら、だれもがより正しい判断を下し、より正しい行動を取れるに違いない。これがデカルトが『方法序説』を書いた目的なのです。

「考える方法」には四つの原則がある

デカルトが『方法序説』で述べている「考える方法」には四つの原則があります。たった四つの原則を守ればいいのです。

1　自分がそれを疑ういかなる理由も見いだせないほど明証的に真である、と認めたものでなければ、いかなるものも真として受け入れないこと。

2　自分が吟味する問題のそれぞれを、できる限り多くの、最もよく解くために必要なだけの数の、小さな部分に分けること。

3　自分の思想を、最も単純で最も認識しやすいものから始めて、段階を踏んで、最も複雑なものに達するよう、順序立てて思考を導くこと。

4　何ものも見落とすことがないと確信しうるほどに完璧な列挙と通覧をあらゆる場合に行うこと。

さて、これでは言い方が難しくて、よくわからないという人がいるかもしれませんので、次のように単純化してみましょう。

1　すべてを疑おう
2　分けて考えよう
3　単純でわかりやすいものから取り掛かろう
4　可能性をすべて列挙・網羅しよう

これが四つの原則です。実を言うと、これは、デカルトの時代から今日に至る科学の世界を築いてきた基礎でもあります。

第一原則の「すべてを疑おう」。あらゆる観点から見てどうにも疑う余地がないところに至るまでは、どんなことでも疑ってみる。人から絶対に正しい、と言われても、とりあえず疑ってみる。この第一原則はデカルトの方法的懐疑論と呼ばれているもので、現在では当たり前の考え方になっています。

たとえば、科学における再現性の原則です。権威者が絶対に正しいと言っている論文でも、その論文に書いてある手順にしたがって同じ実験をしたら同じ結論が得られなければならない。それが完了するまでは、その論文を正しいとは認めないという原則です。この原則を正しく適用すれば、科学論文の他のパートを担当した共同研究者が書いた部分まで疑ってみなければなりません。データや画像の捏造《ねつぞう》や恣意《しい》的な操作がないかを調べなければならないのです。そして、それをクリアーして初めて次のステップに進むことができるのです。共同研究者を「この人は偉い人だから」とか「ウソをつかない人だから」などと言って疑うのを止めてはいけません。共同研究者が一番怪しい、この観点に立って疑わなければなりません。

そして、この原則を厳密に当てはめていけば、当然、自分も疑わなければならなくなります。なぜなら、自分もまたさまざまな偏見や予断に囚われていたはずだからです。

デカルトのライバルだったパスカルは『パンセ』（『パスカル　パンセ抄』飛鳥新社）の中で次のように述べています。

「わたしたち自身の利害というものは、わたしたちの目を気持ちいいほどに欺いてくれる素晴らしい道具である（後略）」

つまり、私たちは自身の利害とは関係なく判断を下しているように見える時でも、実際には気づかないうちに利害に誘導されているのです。そして、それを意識せず、正しいと思って判断を下してしまうということです。自分が一番当てにならないのです。

「すべてを疑う」前に、まず自分から疑ってみる。

すべてを疑おう――「すべて」というなら、その中に「自分」を含めなくていいのかということです。すべてを疑うなら、自分も疑わなければなりません。自分だけ疑わないのなら「すべて」とは言えません。

私も図々しいと言われるかもしれませんが、ついこの間まで、自分は常に一番的確な判断ができると思っていました。だから自分だけは疑っていなかった。

ところが、歳を取って記憶力があいまいになるとともに、自分は果たして絶対確実なのかどうかわからなくなってきたのです。それとともに、自分だけを疑わないのはやはり正しくないんじゃないかと思ってきたのです。

まず、自分というものがどうやってでき上がったのかを考えてみなければなりません。お父さんやお母さん、学校の先生、友だち、テレビ……いろんなものから影響を受けています。だから、「すべてを疑おう」とする時、自分の中にそうした影響によって生じた偏った考え方が存在しているかもしれないと疑ってみなくてはなりません。

そう、「自分を疑う」ことが必要なのです。まずは自分を疑ってみた後で、すべてを疑うことを始めなければなりません。

自分は日本人で、どこそこに生まれ、こういう教育を受けて、今この時代に生きている……そうしたことをすべて考えた上で、疑い始める。別の国に生まれ、違う教育を受けて、百年前に生きていた人だったら、また別のことを考えるかもしれません。つまり、自分というものは、あくまで地理的にも時間的にも条件を限定された一人の人間にすぎない、ということを踏まえた上で、考えることをスタートする必要があるのです。

しかし、そうはいうものの、私たちは普段の生活では、自分を含めて、どんなことをやるにもすべてを疑い始めることを義務づけたら、大変な手間がかかり、きりがありません。そこで、科学や学問では、非常に多くの人が再現性の原則を応用して追跡実験をしたところ、まったく同じ結果が出たような場合に限って、「それを疑ういかなる理由も見いだせないほど明証的に真である」ことと見なして、以後、疑う必要のない命題と認めることにしています。これを公理と呼び、そうした公理のみから論理的に導き出される命題を定理と呼ぶことにしています。

ところが、こうした公理や定理と見なされているものでさえ、時代とともに変わることもあるのです。厳密に言えば公理や定理が変わるのではなく、前の時代には公理や定理と思われていたものが次の時代には公理や定理とは認められなくなるということです。「それを疑ういかなる理由も見いだせないほど明証的に真である」も、時代によって真でなくなることもありうるのです。

「それを疑ういかなる理由も見いだせないほど明証的に真である」は、時代ばかりか、その人が置かれている方向や視野によっても異なります。『パンセ』の文章を引いてみましよう。

「人を効果的にたしなめ、その人が誤っていることを教えるには、その人がどの方向からものごとを見ているかをしっかりと見極めなければならない。というのも、その人が見ている方向からは、ものごとはたしかに真に見えるからだ。そして、それが真に見えることを認めてやる必要がある。しかし、同時に、別の方向から見ると誤っている事実を発見させてやらなければならない。そうすれば、その人は満足するだろう（後略）」

この「方向」のところにイデオロギーとか国家とか民族とか、あるいは党とか会社とかを代入してみると、その真実性が明らかになるでしょう。人は自分が置かれた「方向」によって真とするものが異なってきてしまうのです。

このように、いくら自分ではすべてを疑っているように思っていても、事物を観察する「方向」自体が誤っていることも少なくないのです。

ですから、疑い出したらきりがないとはいうものの、やはり、「すべてを疑え」というのは揺るがしがたい大原則であり、この原則に照らし合わせて最後に合格したものだけを残して、次のステージに進むのがベストなのです。つまり日本語で言えば「徹底吟味する」。これが第一原則の意味です。

「小さく分けて考える」ことで見えるもの

ところで、このすべてを疑えという第一原則は、ファクト（対象となる事物、事象、現象）の観察と強く結びついています。というのも、ビジネスにしろ学問にしろ、ファクトを観察することがあらゆることの第一歩だからです。

つまり、目の前にはファクトがある。それを観察する。その時にこそ、すべてを疑えという第一原則を適用しなければならないのです。

この意味で、とりわけ重要なのが第二原則の「分けて考えよう」です。デカルトの第二原則の正しい意味は、物理や化学ではできる限り小さな部分に分けていくと考えやすいということで、この考え方を後の化学者や物理学者が応用した結果、分子、原子、量子といったものが発見されたのですが、しかし、私はこの「分けて考えよう」をもっと広く捉えることを提唱したいと思います。具体的に言うと、「分け方を考えよう」ということです。

闇雲《やみくも》に分けて考えるのではなく、まず分け方を考えてから分けなければなりません。というのも、分け方を考えてから分けないと、分けたのにすべてがごちゃまぜになったままで、どこから手をつけたらいいかまったくわからない状態にとどまることが多いからです。

では、どのように分け方を考えればいいのでしょうか。

あるカオスを前にして、これをどうやって分ければいいのか、その分け方を考えてみる時に使われる手法が、対象を観察しながら差異と類似を発見し、それをもとに「比較」することですが、この時に力を発揮するのが「分ける」ということなのです。

まとめると、

①対象の観察

②差異と類似の発見

③差異と類似をもとにしたグループ分け

という手順になりますが、この手順を雄弁に語っているのが因数分解という数学の基本中の基本です。

少し、中学や高校で習った因数分解を思い出してみましょう。

$$ax + bx = x(a + b)$$

この場合、対象を観察すると（①）、ax にも bx にも、x という因子が含まれているという類似（共通性）が見つかります（②）。そこで、ax と bx はともに x という類似（共通性）で結ばれる（③）ということを示すために、$ax + bx = x(a + b)$ という数式であらわすのです。

子どもはよく積み木を三角、四角と分けて遊んでいます。実はこれ「比較による差異と類似の発見」のお遊びです。この手法を子どもは遊びから自然に身につけていくのです。

しかし、$ax + bx = x(a + b)$ ならだれでも、ax にも bx にも x という因子が含まれているという類似（共通性）が見つかりますが、次の数式となると、観察しながら、もう少し分け方を考えないといけません。

$$xx + ax + bx + ab$$

この場合、xx、ax、bx には x が共通に含まれるから x を共通因子として $x(x+a+b) + ab$ とする人もいるでしょうが、これとは違う分け方はないかと考える人もいるかもしれません。

たとえば、xx と ax には x が共通因子として含まれるが、bx + ab には b が共通因子として含まれると考え、それぞれ x（x + a）+ b（x + a）としてみるのです。すると、あら不思議、今度はどちらにも（x + a）という共通因子が含まれているので、これをもとにもう一回分けてみて、（x + a）（x + b）という形にまとめ直してみるのです。

xx + ax + bx + ab = （x + a）（x + b）

つまり、単純な分け方ではなく、他の人が一目見たのでは気づかないような「分け方」はないかと考えてみると、よりすっきりした形で分けることができるということですが、この場合には、第一原則の「すべてを疑おう」が適用されていることがわかると思います。xx + ax + bx + ab を分ける時に、x（x + a + b）+ ab という分け方を疑って、x（x + a）+ b（x + a）という別の分け方を考え出したわけなのですが、その際にものをいったのは、xx と ax には x が共通因子として含まれるのに対し、bx と ab には b が共通因子として含まれるという複眼的な類似（共通性）の発見の努力です。比較から「差異」と「類似」を人とは違うやり方で発見しようとつとめる。このオリジナルな「分け方」こそがあらゆることの始まりなのです。

お得なパックツアーを探し出す方法

日常生活の卑近な事柄に例を取ってみましょう。

たとえば、今、私が「グアム島四日間の旅」というパックツアーに行きたいと思い、旅行会社のパンフレットを三種類もらってきて検討するとしましょう。

A社は「四万七千円より九万九千円まで」

B社は「四万九千円より十二万九千円まで」

C社は「四万五千円より六万九千円まで」

A社、B社、C社とも、使用する飛行機は同じで、違うのはホテルだけです。しかし、それぞれのホテルのグレードは表示されていませんから、どこがよいホテルを使っているのかはパンフレットからは識別できません。また日程はかなり融通がきくものとします。

さあ、どの旅行会社を選ぶべきなのでしょうか?

これは予想ですが、たいていの人は、「〜より」の数字に目をとめてしまいます。A社

「四万七千円より」、B社「四万九千円より」、C社「四万五千円より」ということで、あまり差がないので迷いますが、それでも、C社の「四万五千円より」が一番安いからこれがお買い得だろうと思って決めてしまうのです。しかし、この「〜より」での選択をすると、たいていは失敗します。なぜでしょう？　それはC社の使用ホテルはビジネス・ホテル並のグレードの低いホテルだからです。

しかし、何で私はC社の使用ホテルがグレードの低いホテルだとわかったのでしょうか？

それは、この三つのパンフレットをしっかり観察し、人とは違う「分け方」があることに気づいたのです。

それは類似（共通性）に注目するのではなく、差異に目をとめる「分け方」です。

A社は「四万七千円より九万九千円まで」

B社は「四万九千円より十二万九千円まで」

C社は「四万五千円より六万九千円まで」

この三つのパンフレットをしっかりと睨《にら》むと、「〜より」にはあまり差がないのに、「〜

まで」には大きな差があることに気づきます。あるいは、「〜より」と「〜まで」の幅の違いと言い換えてもいいかもしれません。そこで、その差ないしは幅の「意味」を考えてみることにします。

パックツアーについて概していえることとは、当たり前ですがオフシーズンには安く、ハイシーズンには高いということです。A社、B社、C社ともそのことは変わりません。変わっているのは、オフシーズンとハイシーズンの「差」です。つまり、A社は「四万七千円より九万九千円まで」なのでオフシーズンとハイシーズンの差は五万二千円、B社は「四万九千円より十二万九千円まで」なので、オフとハイの差は実に八万円、C社はというと「四万五千円より六万九千円まで」なのでわずかに二万四千円。

さて、このオフとハイの極端な差は何を意味しているのでしょうか？

それはホテルのグレードの違いによって生じる差なのです。

グレードの高いホテルはハイシーズンではかなり高額な宿泊料を取っても客は来ます。それに対して、グレードの低いホテルはもともと貧弱な部屋ですから、ハイシーズンだからといってベラボウに高くすることはできません。ですから、ハイシーズンにはグレードによって宿泊料は大きく違ってくるのです。ところが、オフシーズンでは、グレードに関係なく宿泊客はいませんから、グレードの高いホテルでも部屋を空けておくよりは、もとが取れる程度でもいいから宿泊客を呼びたいということで、グレードにはあまり関係なく、そうじて宿泊料は安くなるのです。

A社は「四万七千円より九万九千円まで」
B社は「四万九千円より十二万九千円まで」
C社は「四万五千円より六万九千円まで」

というパンフレットの違いは以上のような事情を反映したものなのです。

したがって、結論は次のようになります。

B社のパックツアーを選び、オフシーズンに出掛けるのがベスト、ということです。

さて、これで、パックツアー必勝法がわかったかと思います。パックツアーはオフシーズンとハイシーズンの価格差という「差異」に注目し、一般の人がオフシーズンの価格で「分けた」のに対し、私は「ハイシーズン」の価格で「分けて」みたのです。より正しくはオフシーズンとハイシーズンの価格差に注目して「分けた」ということになります。

このような「類似」と「差異」の両方に注目して「分け方」を考えるという方法は学問でも応用できます。どこにポイントを置いて差異と類似を調べ、それによって独創的な分け方ができるか否かで、成果も独創的になったり、あるいは凡庸な結果に終わったりするのです。

具体的な例として、いずれ詳しく取り上げる家族類型を考えてみましょう。

エマニュエル・トッドというフランスの家族人類学者が思いつくまで、家族の類型というものが国ごとに異なるということにだれも気づきませんでした。というのも、それは、どの国でも歴史的に同じ経過を辿《たど》ったとしか考えられていなかったからです。つまり、大昔は一つ屋根の下に何家族かが住む大家族で、それが時代が進むにしたがって中家族(親―子―孫の直系家族)になり、最後に親子だけの核家族になったと思われていたのです。いや、今でもほとんどの人は、この進化は世界共通だと思っていることでしょう。

ところが、トッドが学んだイギリスのラスレット教授のチームが歴史文献に当たって調べたところ、イングランドではすでに工業化以前から核家族であった事実が判明したのです。そして、これをもとに、トッドが調査範囲を広げたところ、ヨーロッパでは、ほとんどの国が①イングランド型の絶対核家族（親と成人した子は別居。遺産相続で兄弟関係は不平等）、②フランス・パリ盆地型の平等主義核家族（親と成人した子は別居。遺産相続で兄弟関係は平等）、③ドイツ型の直系家族（親と成人した子の一人が同居。遺産相続で兄弟関係は不平等）、④ロシア型の外婚制共同体家族（親と成人した子全員が同居。遺産相続で兄弟関係は平等）という四つの類型に分けられることがわかったのです。

では、トッドは、初めからこの類型をもってそれぞれの国や地域を分けていったのでしょうか？

実はそうではないのです。なぜなら、この類型を考え出したのはトッドではなく、十九世紀の社会学者のフレデリック・ル・プレーという人で、トッドはその業績を再発見したにすぎないからです。ただし、ル・プレーは①イングランド型の絶対核家族と②フランス・パリ盆地型の平等主義核家族を分けていないので三類型でした。

ではル・プレーはどうやってこの分類に気づいたのでしょうか？

あらゆる国のあらゆる家族に入りこんで、その家族を、親子の同居・別居、兄弟間の平等・不平等という差異と類似で調べていくうちに、この分類に辿りついたのです。
つまり、ある項目を立てて比較を行い、差異と類似を調べるという方法を繰り返しているうちに、三分類ないしは四分類が見えてきたのです。

家族というと、どこの国でも同じに見えるのですが、とりあえず、それをまず親子関係という軸で、同居・別居の二つに分けてみる。ついで、兄弟関係という軸で平等・不平等の二つに分ける。すると、自動的に2×2＝4で四分類が成立するということなのですが、こうした分類が可能であることはすでに十九世紀にル・プレーが気づいていたことです。しかし、その四分類が実は重要な意味を持つ、つまり集団的な無意識を照らすようなものだということに気づいたのはトッドなのです。

いずれ、この家族類型を使って、さまざまな問題について考えたいと思いますが、ここでは、以上のような、新しい「分け方」を探ってみる例としてだけ取り上げておくことにします。

いずれにしろ、ある項目に注目して分割と比較を行い、差異と類似を発見するということからすべてが始まるのです。

「じゃんけん必勝法」は存在する

次は、もう少し身近でわかりやすい例を挙げましょう。

先ほど、自分にとって何が一番得なのかを知りたいから人は考える、問いはそこから出発すると言いました。

「得になる」という意味で、もっとも単純素朴に考えると、偶然を支配している必然を知ることができることが、一番得になるはずです。だから、宝くじで絶対に当選する番号を知る方法、競輪・競馬必勝法などという本が書かれたりするわけです。もちろん、そうした必勝法のほとんどはまやかしなのですが、しかし、偶然を支配しているかに見える賭《か》けの中に、人間的要素が入っていたら、それは必ずしも、疑似科学とは言えなくなる。むしろ、心理学の分野に近づくことになる。

さあ、私は何を言いたいのでしょう?

それは、じゃんけん必勝法はあるかということを、「すべてを疑おう」という第一原則と「分けて考えよう」の第二原則に則《のっと》って考えてみようということです。

じゃんけんは偶然が左右する勝負。これが常識かもしれません。でも疑ってかかりましょう。本当に偶然の結果なのだろうか、と。

じゃんけんをする時、よく「最初はグー」と始めますよね？「最初はグー」で「じゃんけんポン！」とやるわけですが、ここで、「最初はグー」で始まるじゃんけんの結果を「あいこでしょ」の場合も含めてすべて記録しておくことにします。そして、次は「最初はパー」として、これも同じようにすべてを記録しておきます。最後は「最初はチョキ」で、これも同じように記録を取ります。

そうすると、あら不思議、統計を取って、それをコンピューターにかけると、ある有意味的な結果が出てくるのです。

実はこれ、「分けて考えよう」の原則を応用して、じゃんけんをスタート時のカテゴリーで三つに分けて考えているのです。すると何がわかるでしょうか。

「最初はグー」で始めると、パーを出す人が多い。なぜでしょう？「最初はグー」だと、相手のグーが頭に入っているから、人は無意識のうちに「グーに勝てるのはパーだな」と考え、とっさにパーを出してしまうことが多いのです。だから、統計を取ると、「最初はグー」の次は二人ともパーを出して「あいこでしょ」になる比率が高いのです。

同様に、「最初はパー」で始めると、今度はチョキを出す人が多くなり、「最初はチョキ」で始めると、グーを出す人が多くなる。三つに分けて統計を取ると、明らかにそういう結果が出ます。

「あいこでしょ」となって勝負が長引く場合もほぼ同じことが観察されます。

ということは、「最初はグー」で始まるとしたら、相手はパーを出すことが多いから、チョキを出せば勝てる。「最初はパー」なら、相手はチョキを出す確率が高いから、グー。「最初はチョキ」ならグーを出すはずだから、パー。

さあ、わかったでしょうか、いずれも一つの法則に基づいていますよね。「最初はグー」ならチョキ、「最初はパー」ならグー、「最初はチョキ」ならパーということは「最初は……」の……に「負ける」ものを出せばいい。これがじゃんけん必勝法です。

皆さん、やってみてください。かなり高い確率で勝てるはずです（もちろん、この必勝法を全員が知ったら勝てなくなりますけれど……）。また、なかには何にも考えないで、完全ないきあたりばったりに出す人もいますから、そういう人がいたら、この必勝法は通用しませんが。

さて、以上のじゃんけん必勝法の研究は、じゃんけんの勝負は偶然の結果という、だれもが疑わない前提をとりあえず疑ってみるという「すべてを疑おう」の第一原則から始まって、第二原則の「分けて考えよう」にしたがって、グー・チョキ・パーを分けて比較検討してみたら、人は相手の出すグー・チョキ・パーに影響されるという結果が出て、そこをさらに追究した結果、「最初は○○の○○に負ける手を出せば勝つ確率が上がる」という法則が発見されたという「考え方の筋道」を示しています。

これが「考える」ことの基本です。そして、この「考え方の筋道と、考えた結果」を書き表したものが「論文」です。

デカルトの「考える方法」を応用した論文の書き方

私は大学の新入生に論文の書き方を教える授業を受け持っていますが、それは論文というのは今述べたようなデカルト的な「考える方法」に基づいているので、「論文の書き方」を教えれば、デカルト的な「考える方法」も同時に教えることができるからなのです。そのために、デカルト四原則をまず示し、それが論文執筆にどのように応用されているかを解き明かしていくことにしています。

今は時間がないので、論文の書き方とデカルト四原則の対応を全部、お話しすることはできませんが、かいつまんで要点だけをお話ししておきましょう。

たとえば、デカルト四原則の第三原則「単純でわかりやすいものから取り掛かろう」についてです。

これは、論文の構成と深くかかわっています。論文というのは、どんな場合でも最小三章に分ける約束になっていますが、それは第二原則の「分けて考えよう」から来ています。どれほど複雑なものでも「分けて」いけば単純になるから、とりあえず分けてみようという考え方が反映されているのです。また、どんなに単純に見えるものでも、真理を探っていくと、案外、複雑なことがわかるから、単純に見えることも分けて考えようという姿勢も示しています。

では、第三原則はどこに応用されているのでしょうか?

それは、分けた章の順番です。論文を書くということは、自分が発見した真理を他人にも真理として認めてもらいたいということを意味します。

その時、説得の技術として、いきなり複雑で難しいことを示すのではなく、まずだれにでもわかるような単純で明確なことから話していくのが常道です。そして、その単純で明確なことに相手が同意したら、その上に、もう少し複雑なものを乗せるようにして、最後はもっとも複雑で難解なことに至るのですが、第三原則はこの説得の順番に応用されているのです。

もちろん、第三原則そのものは、説得の順番ではなく、発見、発明のための順番を示しているのですが、ひとたび発見、発明にメドがついたら、それは説得の順番として応用することができるのです。

では、第四原則「可能性をすべて列挙・網羅しよう」はどうでしょうか?

これは論文を書く上で、絶対に不可欠な反論の検証の部分で使われています。

論文というのは、事実を観察し、比較・検討を行ってそこに差異と類似を発見し、その差異と類似を分析して、原因を割り出し、仮説を立てるという筋道で展開していくのが常ですが、この観察、比較・検討、差異と類似の分析、原因の割り出し、仮説というそれぞれの部分で、自分と違う考えの人がいるものと仮定して、その人が立てるであろう反論を撃破してゆくことが不可欠です。その時には、考えうるありとあらゆる反論を予想しなければなりません。

第四原則の「可能性をすべて列挙・網羅しよう」はこの部分で応用されているのです。そして、この原則の適用が不十分だと、その論文は説得力に欠けると判断されることになります。

しかし、現実には、この第四原則「可能性をすべて列挙・網羅しよう」は適当なところで放棄されてしまい、それが思わぬカタストロフィーを引き起こすことにもなるのです。福島の原発事故などはその典型で、想定を超えた津波という「可能性の列挙・網羅」を怠ったために起こった人災なのです。

このように、論文の書き方というのは、デカルトの四原則と基本的に重なっているので、論文の書き方を教えることが、そのままデカルトの四原則を教えることにも通じているのです。

後から生まれる人ほど、新しい問いを立てにくくなる?

話を戻しましょう。論文の正しい書き方(=考え方の技術)を簡単に言えば、こういうことです。「問いかけから始まり、発見に至ってその発見の意外さで驚かせる」。すべてを疑うことから出発して、ありとあらゆる客観的証拠をそろえて検証し、仮説を立てて、ドーダ! まいったか! と結論を述べる。これが論文なのです。

最初の問いかけには二種類しかありません。一つは、今までだれも問いかけたことがなかった、まったく新しい問い。もう一つは、いろんな人が問いかけたけれど確定的な答えの出ていない問い。この二つ以外は問いかけてはいけない約束になっているのです。

これが論文の本来のルールです。たとえば自然科学の専門誌『ネイチャー』や『サイエンス』に投稿される大半の論文は一次審査で落とされます。なぜなら、すでにだれかが問いかけた問いをさも初めて発見した問いであるかのように書いている論文があまりにも多いからです。

ところで、私が「論文の書き方」の講義で以上のような話をした時に、なかなか鋭い質問をした学生がいました。

「そんなことを言ったら、この世で後から生まれた人間の方が損じゃないですか」

そうかもしれません。過去から現在まで問いかけは延々と続いているわけだから、後から生まれた人間ほど、新しい問いを立てるのは難しいように見えます。

しかし、私たちもまた変化しています。民主主義や資本主義といった社会システムは、共同体が不幸せにならないようルール作りをするわけですが、集団を構成する主体が変われば、社会システムも変わらざるを得なくなります。

それと同じことで、問いかける個人が変わり、社会システムも変われば、問いそのものも変化せざるを得なくなります。したがって、新しい問いはいくらでも生まれる。問いかける主体が変わるからです。問いと答えのイタチごっこは永遠に続くしかありません。

第三章　日本人の道徳意識が意味するもの

なぜ日本人は昔からモラルが高いのか？

最近は公衆道徳が乱れているのではないか？　そう言って嘆き、道徳教育を改めて学校や家庭できちんと教えるべきだと声高に叫ぶ人をよく目にします。

『清貧の思想』や『日本人の品格』といった本がベストセラーとなり、あれだけ人気を博したのも、日本人の多くがいまだに道徳というものに高い理想を抱いていて、その理想に比べて、現状は相当にモラルが低下していると判断しているからです。

しかし、日本を離れて、外国を訪れれば、日本人がいかにモラルの高い民族であるかがよくわかるはずです。また、日本を訪れた外国人は日本人のモラルの高さに例外なく驚きます。

日本人がモラルの高い国民であるのは、日本の家族類型がエマニュエル・トッドの言う「直系家族（権威主義的家族）」であることが大きく関係しています。

この直系家族というのは、工業化以前の社会において、親子のきずなが固く、権威主義的であるのに加えて、親が結婚した子どものうちの一人（多くは長男）と同居し、親―子―孫の三代が同一空間に住む家族形態を指します。親の財産と家という単位（日本なら家督）は同居した一人の子ども（多くは長男）がすべて受け継ぎ、次男以下は結婚すると別に所帯を構えて独立しますが、工業化以前の時代には、農地を分割することは原則としてなく、次男以下は他家の入り婿《むこ》となるか、あるいは都会に出稼ぎに出るか、さもなければ僧職に入ることが多かったようです。つまり、長男が親の財産のすべてと家を受け継ぎ、次男以下はそれぞれの才覚においてサバイバルしてゆくという家族形態です。

このタイプでは、父親ばかりか母親にも権威があり、それに準じて家の跡継ぎである長男とその嫁にも権威が付与されているため、女性の地位が相対的に高くなります。次男以下は、独身で同居している場合には、兄嫁にも敬意をもって接しなければなりません。そうしたこともあって、長男の嫁の結婚年齢は高くなり、夫とそれほど歳が違わないのを通例とします。兄嫁が弟たちよりもはるかに年下であっては、権威を保つことはできないからです。

そして、母親と長男の嫁に一定の権威が与えられていることが、教育熱心という伝統を生み出し、識字化の波が押し寄せると、この直系家族類型は、他の家族類型に先駆けて識字化革命を達成しますが、しかし、その反面、親子の関係が権威主義的であるため、子どもたちは親や長男の権威に縛りつけられて、自由を獲得することに手間取ります。というよりも、自由よりも権威に服従することに高い価値が与えられていますので、近代的な自我の確立や個人の自立といったことは遅れ、その結果、前工業社会においては、人間関係の近代化（農村共同体の解体）に手間取るため、工業化社会の成立においても核家族類型の国々の後塵《こうじん》を拝します。

ところが、ひとたび、工業化社会が到来すると、教育熱心で識字率が高いことが幸いして、あっというまに世界の先進工業国の仲間入りを果たします。

ただし、千万人といえども我行かんという自立独立の精神には乏しいので、世界のイノベーターとなることは少なく、だれかが発明したものを改良することに秀でるという特徴を持ちます。

この直系家族類型の国や地域は日本以外にもあり、ドイツ、オーストリア、チェコ、スウェーデン、ノルウェイ、ベルギー、フランス周辺部（ドイツ・ベルギー国境地帯、南仏）

スペイン北部、ポルトガル北部、韓国・北朝鮮などで、概してモラルが高く、教育熱心で、工業化以前の時代には比較的貧しい地域であったが、現在は、テイク・オフに成功し、先進工業国となっているのを一般的特徴とします。

政治イデオロギー的には、前工業化社会においては、直系家族が擬制的に反映された王政（血統的な先祖を頂点とする王政）という体制を取り、工業化社会においては、失われた王政へのノスタルジーからファシズムか官僚制社会主義（社会民主主義）の二つの極を揺れ動くことになります。

いずれにしても、トッドのように、識字化革命をテイク・オフの第一原因と考える学者にとって、識字化の波は直系家族地域を基点として周辺に拡大していったという見取り図を採用することになりますので、直系家族地域は、テイク・オフの先導地域として非常に重視されています。

ついでに、世界の先進国について他の家族類型を以下に掲げておくことにします。後で日本を他の国と比較する時に役立つでしょう。

一つは絶対核家族と呼ばれる類型で、イングランドとそこから派生したアングロ・サクソン系の国々、すなわち、アメリカ合衆国、オーストラリア、ニュージーランド、それにアングロ・サクソンの故郷に当たる低地ドイツ語地域であるオランダとデンマークなどの国々がこれに含まれます。親子のきずなは弱く、権威主義的ではありません。男の子どもは生計が立つと独立して一家を構えます。親は成人した男の子とは同居せず、子どもたちの独立後は夫婦二人の生活に戻ります。親子の関係が希薄なため、都市に人口が集中したり、工業化社会が到来すると、農村部を離れて都市に移住することが容易なので、他の家族類型に先駆けて工業化を成し遂げることになります。イングランド、ヨーロッパ諸国、ついでアメリカで産業革命が起こったことはこの親子間のきずなの弱さによって説明できます。

遺産は、親の遺言状によって兄弟間で不平等に分割されるのが普通です。そして、兄弟間が不平等である分、直系家族と同様に、女性の地位は相対的に高くなります。また、女性の結婚年齢は、男子が独立して生計を営めるようになってからということで比較的に遅くなります。

しかし、親子間のきずなが強くないので、子どもは早く独立を希望しますから、識字化革命には乗り遅れることになり、また工業化社会が確立された後は停滞が訪れることになります。イングランドはその典型です。

もう一つの先進国の三番目の家族類型は、フランスのパリ盆地やスペイン南部、ポルトガル南部、それにポーランドに典型的に見られる平等主義核家族というものです。これは核家族の一類型なので、親子のきずなが弱く、子どもは早くから独立を目指すという点では、イングランド型の絶対核家族と同じですが、遺産相続において男の兄弟は完全に平等で均等相続を原則としています。トッドは、この兄弟間の平等という要素がフランス革命と共和主義を引き起こした原因と見ています。

ただ、このタイプにおいては、兄弟間が平等であるのに比べて家庭における女性の地位は低く、マッチョな傾向が強く出てきます。スペイン、ポルトガル、およびその植民地であった南米がマッチョなのはこれによって説明できます。フランスのマッチョ度がスペイン、ポルトガルより低いのは周辺部分が直系家族で、両者の価値観が相互浸透したためと思われます。

また、家族における女性の地位が低いことは、教育や識字化において、直系家族地域に遅れを取ることを意味しています。

残る一つの家族類型は、ロシア、中国、ベトナムなど自主的に共産革命を達成した国々に見られる外婚制共同体家族です。他の三類型も外婚制（嫁は一族の外から迎える。いとこ間の結婚は避ける）ですが、この類型のみ外婚制と断っているのは、イスラム社会に多い内婚制共同体家族と区別するためです。

このタイプでは、親子のきずなは強く、権威主義的である点では、直系家族と同じですが、親が、独立・結婚した男子の一人と住むのではなく、独立・結婚した複数の息子と同居するという大家族形態を取るのが大きく異なります。遺産相続においては、兄弟は平等で、均等分割を原則とします。

トッドは、この親子が権威主義的で兄弟が平等という家族類型が擬制として近代化したものが、一党独裁の共産主義（スターリン主義）であると考えます。たしかに、このパターンを一九八〇年代までの世界地図と重ねると、自主的に革命を達成した共産主義国と見事に重なります。

島国から巨悪は生まれない

さて、こうした家族類型学の観点から考えると、日本人が、少なくとも前工業化社会においては極めて道徳的な国民であったことがよくわかるのではないでしょうか。

親子のきずなが強く、親―子―孫という三世代が同居する家族においては、両親や祖父母の精神的影響力が強く働きますから、幼い子ども（孫）が自然に道徳律を身につけていくことになります。

しかも、長男とそれ以下では、生まれた時から格差がありますから、他の兄弟を押しのけてでも自我を押し通そうという自主独立の精神は生まれず、そうした自主独立というコインの裏側である利己主義も抑圧されることになります。つまり、自分だけ抜け駆けして、利益を独り占めしたいと考える子どもが現れても、家族構造がそれを許さないようになっているのです。

おまけに、日本は極東の島国で、他の家族類型の移民族が集団移住したことは、少なくとも有史以後はありませんから、日本列島の隅から隅までが、この家族類型に統一されています。

ただし、厳密な家族類型学の調査によると、西南日本の一部には、核家族類型や東南アジアに見られるアノミー型家族類型、あるいは山岳部には外婚制共同体家族類型もごく一部に見られるということなので、例外が皆無ということではないのですが、概していうと、日本は高度に統一された直系家族類型の国であると言えます。つまり、島国なので、家族類型では大きな相違は見られないということなのです。

ひとことで言えば日本人は海に囲まれた巨大な直系家族であるということになるのです。道徳的なメンタリティーの高さはそんなところから発達したのだと思います。大陸にある国だと、たとえ社会道徳を踏みにじる悪事をしでかしたとしても地続きでどこにでも逃げられるという発想が生まれるでしょう。しかし、島国ではどこにも逃げようがないので、集団の掟《おきて》にはとりあえず従っておいた方がいいということになるのです。掟を平気で踏みにじる破格の大悪党というのは日本ではなかなか生まれてこないのです。

これは、生物生態学の教えるところでもあります。日本のように大陸と切り離された島国に生息する生物というのは、だいたいミドルクラスくらいのサイズのものばかりになり、両極端は少なくなるそうです。一方、大陸では、哺乳類《ほにゅうるい》でも昆虫でも魚でも島国の生物と比べるとびっくりするような大きなサイズのものと、反対に極端に小さなサイズの生物が進化の結果生まれます。これはサバイバル戦略として極小化したり極大化することが大陸では有効で、熾烈《しれつ》な生存競争に生き残る条件の一つになっているからだと言われます。

人間もまさにそうで、道徳から激しく逸脱する「巨悪」という存在はなかなか日本には出てきません。田中角榮《かくえい》が捕まったロッキード疑獄事件にしても、バブル崩壊後頻発した大銀行の不正融資事件にしても、中国人に言わせると「そんなものが巨悪なら、中国人の多くが、悪人になる」ということになります。毛沢東やヒトラーやスターリンのようなとんでもないスケールの「悪人」は島国からは出てこないのです。

日本人には伝統的な思考の枠組が残っている

ところで、日本は直系家族の国であることをこのように強調すると、必ず次のような反論が出てくるはずです。

それは、現在、とくに都市部では核家族化が進み、親が結婚した子どもと同居して、親―子―孫の三代が同じ屋根の下に住むことは少なくなっているのだから、いつまでも日本が直系家族の国であるとするのは誤っているのではないかというものです。

これは、確かに一理あり、日本の社会が欧米型の核家族に向かっていることは確実なのですが、しかし、だからといって、直系家族的な思考の枠組が消えたかというと、決してそんなことはないのです。

なぜかというと、家族類型というのは、その類型に属する集団が何かの制度や組織を作ると、必ずやその制度や組織に反映されてしまうからです。

たとえば会社です。会社というのは欧米のカンパニーを幕末・明治期に輸入したもので、その目的と理念は、元来、次のようなものでした。

すなわち、片方にお金はあるがアイディアのない人がいる。もう一方にはお金はないがアイディアのある人がいる。こうした二人が仲間（カンパニー）となってお金とアイディアを出し合えば、さまざまな事業（お金儲け）ができるはずだ。ならば、成功した時の利益と取り分や失敗した時の損害の分担の仕方を取り決めしておいて、一緒に事業を始めようというものです。

具体的に言うと、十五世紀に、もし地球が丸いなら大西洋をまっすぐ西に行けば、黄金の国ジパングや香辛料の豊富なインドに行けるはずだ。その航海が可能になれば、ヴェネチアやイスラム商人が独占している貿易の権利を奪えるのではないか？　しかし、大西洋を横断するには船にしろ乗組員にしろ膨大なお金がいる。だれか、このお金を最初に出してくれる人はいないだろうか？

こう考えたイタリア人コロンブスはさまざまなパトロンに声をかけ、最終的にスペインのイザベラ女王に資金を出してもらい、大航海に出掛けて、西インド諸島を発見したのですが、このシステムを応用したものが、東インド会社と西インド会社です。つまり、イザベラ女王が一人で出していた航海資金を多くの人が分担して出すようにして、出資金に応じて権利の証文（株式）を与え、貿易で利益が出れば、その利益を出資金に比例して配当するようにしたのです。

そして、この株式を売買できるようにしたのが株式市場です。このように、株式会社というのは、もとはといえば、お金とアイディアのドッキングだったわけで、西欧においては、会社はあくまで作るものであり、作るのが面倒であれば株式の売買を通じて売ったり買ったりするものなのです。それゆえに株主というものが大きなウェートを占めていたのですが、株式会社が日本に入ってくると、日本的に変質して、独特のものになってしまうのです。

ひとことで言えば、会社もまた社長や会長という権威ある「親」のもとでピラミッドを形づくる疑似的直系家族になってしまうということです。そこでは、直系家族において生まれた順番というものが重要であるように、疑似的直系家族である会社においては入社年度がもっとも重視されます。一年でも早く会社に入った先輩社員は、先輩であるというだけで、後から入社してきた後輩社員よりも威張ることができるのです。

また、疑似的直系家族であるために、会社の概念そのものも日本的になります。欧米では会社はアイディアの持ち主とお金の持ち主が株式という媒介を通じて「作る」ものでしたが、日本では、すでにでき上がっている会社に「入る」ものなのです。それは、社会の中に新しい子どもが「生まれてくる」のと同じものと理解されます。入社年次というものが日本の会社で重視されるのは、それが出生年次と同じものだからなのです。

この入社年度による序列意識というのは、核家族類型の社会で作られた会社では絶対に見られないもので、この意味では年功序列という日本の会社の特性は、まさに直系家族からそのまま運びこまれたものなのです。

そして、こうした疑似的直系家族は、会社ばかりか、役所でも学校でも、クラブ活動やボランティアでも、研究所でも革命党でも同じようにトレースされて、中根千枝さんが名著『タテ社会の人間関係――単一社会の理論』で描いたような日本的組織の意識構造を作り上げるのですが、実を言うと、この直系家族的タテ社会は、日本の社会そのものの構造でもあるのです。

そして、日本的な道徳意識というものも、この擬制的直系家族のタテ社会から演繹《えんえき》されているのです。

つまり、頂点にはビッグ・ファーザーたる超越的な父親的存在が君臨し、その存在の権威をピラミッドの構成員が次々に下に伝えるという構造、戦前の日本の軍隊では、「上官の命令は天皇陛下のご命令だと思え」と教えられましたが、そうした上からの権威を下へ下へとリレーしていく構造は、直系家族がイデオロギー的に投影されたイメージであり、これが近代的な様相を帯びるとファシズムへと転化することがあるのです。

こうした擬制的な直系家族システムの社会では、常に個人は、無意識の中で超越的な父親から見張られているように感じますが、一般に良心と呼ばれるのは、この無意識の中の超越的な父親の存在なのです。フロイトはこれを「超自我」と名づけました。

フロイトはユダヤ系のオーストリア人でしたが、ユダヤ社会もオーストリア社会もともに典型的な直系家族ですので、社会とその反映である個人の内面を説明するのにこの超自我というのはとても便利な作業仮説となったのです。

このように、直系家族社会では、自宅にいても会社や学校に行っても、至るところ直系家族における父親の代理としての超自我だらけです。それどころか、個人の内面に最も強く超自我は存在していますから、直系家族社会にいる限り、個人は常に見張られているような圧迫感を覚えるのです。

この圧迫感があるため、日本人が直系家族ではない核家族の国に行って暮らすと非常に大きな解放感を味わうことになるのです。

しかし、その反面、この「超自我の遍在」は強い道徳意識を支えることになりますから、直系家族類型の社会では概して犯罪は少なくなります。

親の権威が失墜した理由

さて、以上の分析を踏まえて、冒頭に記した「道徳観の衰退」という問題を考えてみるとどうなるでしょうか?

日本人の道徳意識が近年、低下しているように思えるのは、社会のすべての基礎である直系家族にヒビが入りかけているからです。

といっても、それは直系家族が核家族に移行しているからというわけではありません。というのも、日本の核家族というのは外見こそ核家族ですが、実際には、直系家族が歪《ゆが》んだ形で核家族に変質した直系家族的核家族にすぎないのです。言い換えると、直系家族的な本質を保存したまま核家族に変質しているだけと言っていいものなのです。

では、イングランドやフランスのパリ盆地に見られるような典型的な核家族と、日本の外見は核家族だが実態は直系家族という「疑似核家族」はいったいどこが違うのでしょうか？

一般に、直系家族の親は権威主義的だが、核家族の親は非権威主義的であると言われています。しかし、実際に観察してみると、欧米の核家族においては、子どもが小さい時には、親に権威がないわけではありません。それどころか、日本の親よりもはるかに権威があり、躾《しつけ》も厳しいものがあります。その躾はかつては鞭《むち》によって象徴されるような暴力的なものでした。また、さらによく核家族の家庭を観察すると、親は子どもとの遊びを通じて権威を確立するように工夫されていることがわかります。アメリカにおけるキャッチ・ボール、キャンピングなどは、この典型で、親は子どもに見本を示すことで権威を確立するのです。

要約すると、大昔から核家族類型だった社会においては、核家族の形成と同時に子どもの教育を通じて親の権威を確立してゆくというシステムが作られていたのです。換言すると、核家族類型においては、親の権威は後天的なものであったのです。

これに対して、直系家族においては、親の権威は先験的なものとされていましたから、子どもを暴力的に躾《しつ》ける必要はありませんでした。なぜなら、暴力を用いなくとも、親には絶対的な権威が備わっていることになっていたからです。直系家族においては親の権威というのは当然の前提になっていましたから、暴力で権威を補強する必要はなかったのです。戦前の日本に来た外国人は、日本人が子どもに甘いのを見て驚き、これでどうして子どもを服従させることができるのかと不思議に思ったようです。ルース・ベネディクトの『菊と刀』は、この驚きを日本人理解の出発点においているようです。

ところが、戦後、直系家族から核家族への移行が行われると、非常に困った事態が生まれました。

直系家族においては、親は制度的に（ということは自動的に）権威があるとされていたのですが、核家族になったため、権威は自動的には与えられず、自分で確立しなければならなくなったのです。

しかし、子どもに対して、親が自分で権威を確立するということは思ったよりもはるかに難しいことです。

なぜなら、親が権威を確立するには、常に子どもと一緒にいて見本を示さなければならないからです。子どもは親の背中を見て育つと言われますが、親の権威はある意味「背中」から生まれるのです。もとから核家族であった社会においては、親がキャッチ・ボールやキャンピングを通じて子どもに親の権威を印象づけることで権威の確立を行うという習慣がありましたが、直系家族にはこうした習慣がないので、直系家族が核家族になし崩しに移行してでき上がった日本の疑似核家族において、親は途方に暮れることになるのです。

しかも、現代の日本の親、とりわけ父親は猛烈サラリーマンとして長い間、会社に拘束されていますから、子どもに「背中」を見せることができないのです。直系家族の時代には、父親が出征していて不在でも、親の権威は先験的に与えられていましたから、とくに問題とはならなかったのです。

しかし、疑似核家族においては、父親がいても権威の確立に苦労するのに、不在となったら、権威の確立はまったく不可能になります。その結果、親の権威の確立作業はいきおい母親に任せられることになりますが、母親一人ではそう簡単には「権威の確立」ができるわけはありません。

しかも、最近では、一人孤軍奮闘して親の権威の確立につとめてきた母親までが外に働きに出ることになりますから、子どもとしては、従うべき権威はどこにも存在しないことになります。家庭における無権威が常態化したのです。

近年、問題になっている幼児虐待はまさにこうした状況から起こったものなのです。幼児虐待とは直系家族から疑似的核家族への移行によって、権威主義的であることを禁じられた親が権威を見せつけようとして暴力に訴えたものと解釈することができます。権威確立のために暴力を用いるのです。

開国前の日本人は「自由」の使い方がわからなかった

ところで、直系家族がなし崩し的に核家族に移行した結果生まれた疑似的核家族の問題はもう一つあります。

それは、子どもをどうやって自立させるかの問題です。

欧米の核家族においては、親が権威を行使するのは、子どもが独立するまでで、それ以後は、互いに独立した個人として無干渉になります。

それは、ライオンの子育てと同じで、核家族の親は、子どもが一刻も早く自立能力を獲得できるように子育てを行います。言い換えると、子どもが社会に出た時に、あらゆる状況において、何が一番自分にとって得であるかを自分の頭で的確に判断できるように子育てするのです。

これは、イングランドでは、ハーバート・スペンサーの唱えた生存競争（struggle for existence）および、最適者生存（survival of the fittest）という理念によってより明確に表されています。しばしば、スペンサーがこうした理念を唱えたから、そのような社会の動きが生まれたと思われていますが、事実はまったくその逆で、スペンサーはイングランド型の核家族（絶対核家族）に含まれていた子育ての考え方を理論化したにすぎません。すなわち、社会というのは弱肉強食の生存競争が絶えず行われているところなのだから、その社会に子どもを送り出すということは、子どもをサバイバルにもっとも適した大人に育て上げることだというわけです。どんな状況においても自分の頭で最適の選択を行えるような独立した人間に育てることが大切なのだという教育観なのです。

幕末に日本が開国し、欧米人の考え方を理解しようとした時に福沢諭吉のような知識人が遭遇したのが、こうした核家族的な教育観でした。それは、ガチガチの直系家族社会であった幕藩体制に生きていた福沢諭吉にとっては非常に新鮮に映りましたので、さっそく移入を試みることになりました。『学問のすゝめ』で福沢諭吉が奨励している独立自尊とは、こうしたイングランド型核家族類型の教育観を日本風にアレンジしたものにほかなりません。

とはいえ、時代が明治に変わったからといって、一朝一夕で、直系家族的思考法が核家族的思考法に変わるわけはありません。そのため、福沢諭吉の独立自尊理念は、現実にはまったくと言っていいくらいに実行に移されることはありませんでした。明治から昭和にかけての日本人は、常に直系家族的思考法によって行動してきたからです。

しかし、戦後、アメリカニズムの影響で、直系家族から核家族への移行が進められるようになると、徐々にではありますが、変化が現れてきました。

最初の現れは、親が子どもの進むべき道をすべて決めることはできなくなったということです。戦前までは、直系家族において、子どもは父親が命じた職業、長男であれば親の家業の跡を継ぎ、父親と同じ職業に進むという約束になっていました。次男、三男はこうした家業の制約を受けることはありませんでしたが、たとえば親が軍人になれと言えば軍人になるしかありませんでした。

ところが、戦後、子どもは自分の進路は自分で決めたいと思うようになりました。医者の長男でも医者になるのは厭《いや》だと拒否できるようになったのです。

しかし、子どもは職業選択の自由（その前の段階なら、進学の進路の選択の自由）を獲得したからといって、その自由を行使するための基礎訓練を与えられてはいません。さあ、職業選択は君の自由だよと言われても、選び方を教えられていませんから、子どもは途方に暮れることになります。

その結果、決断ができないという理由で、とりあえずは無難な法学部や経済学部を選び、就職活動でも、その時代に人気の業種の会社を選ぶことになりました。つまり、職業選択という名の自由を与えられても行使の方法を知らないのです。直系家族の時代には親が決めてくれましたが、疑似核家族となってからは、自由行使の方法を知らぬままに運任せで、あるいはマスコミの与える情報を頼りに選択を行わなければならなくなったのです。

では伝統的な核家族においては、自由を行使する（選択を行う）ための方法はどのようにして教えられていたのでしょうか？

それは、その選択を行うことで自己利益を最大にするにはどうしたらいいか、つまりどうすれば一番自分が得するかを徹底的に自分の頭で考える、その考え方の正しい方法を教えるということなのです。これを、アレクシス・ド・トクヴィルは後述のように『アメリカのデモクラシー』の中で、「正しく理解された自己利益」と呼んでいます。

次章では、核家族類型社会の道徳の基礎となっているこの「正しく理解された自己利益」について考えてみましょう。

第四章　日本人に必要な新しい道徳とは何か？

日本人は「新しい道徳」を作るべき時期にきている

アベノミクスで経済が軌道に乗り、集団的自衛権やTPP（環太平洋パートナーシップ）の問題が片づいたら、安倍政権は、次に道徳教育復活を目指すようですが、その内容はというと、これが旧態依然で、かつて自民党の文教族が言っていたのとほとんど同じです。つまり、社会の道徳律を小さい頃から叩きこんでおけば、自然とこれに従うようになるという「調教」の思想にほかなりません。

これは、前の章で縷々《るる》解説したように、直系家族が崩壊して、親の先験的権威というものが失われてしまっている現状をまったく認識していない乱暴な議論で、安倍内閣が道徳教育の復活に成功したとしても、その効果はほとんどゼロだと思われます。

やるべきことは、直系家族がなし崩し的に崩れて疑似的な核家族となっている二十一世紀にふさわしい道徳を新しく確立することです。

では、疑似的核家族の社会になってしまった私たちが、新しい道徳を確立するにはどうしたらいいのでしょうか？

それは、とりあえず、核家族においては道徳がどのようにして作られていたかを観察することです。

核家族類型の社会が作り出し、今やワールド・ワイドなものになりつつあるシステムは資本主義（経済的自由主義）と民主主義（政治的自由主義）の二つですが、この二つのシステムにおいて、中核的な思想となっているのは、人間は自己利益と自己愛からしか動かないものであるという冷徹な認識です。

したがって、核家族類型の社会における道徳を考えるには、何よりもまず、この社会においては、自己利益と自己愛は肯定されているのだという事実を認めなければなりません。これを認めないのは、日本が資本主義（経済的自由主義）と民主主義（政治的自由主義）を採用している国であることを考えれば、まことに面妖《めんよう》な認識と言わざるを得ません。というのも、資本主義と民主主義というのは、自己利益と自己愛の追求を肯定するところから生まれた制度ですから、この二つを肯定するところから始めないと、道徳も何もあったものではないのです。

では、自己利益追求と自己愛の増大を前提とした社会では、道徳というものをどのように構築し、どのようにしてそれを子どもたちに教えているのでしょうか?

「正しく理解された自己利益（自己愛）」、これ以外にはありません。

ところが、日本の道徳教育は「他者への思いやり」とか「共生の思想」といったきれいごとばかりが強調され、「正しく理解された自己利益（自己愛）」についてはまったく教えてこなかったのです。

では、いったい、「正しく理解された自己利益（自己愛）」とは何でしょう?

具体的な例をいくつか挙げて考えてみましょう。

電車に乗る時、日本ではみな整列乗車を心がけています。中国人は日本に来ると、この整列乗車に一番感心するそうです。というのも、中国でもプラットホームで整列していることはいるのですが、いざ電車のドアが開くと、整列が一気に乱れて、みんなワッとドアに押し寄せるからです。乗車前には整列するけど、乗車時には順番に乗車しないということです。

ところで、日本的な道徳教育では、整列乗車は「当たり前」のこととして道徳の一項目にも取り上げられることはありません。直系家族類型の社会では、そんなことは教えるまでもないとされていたからです。「ホームでは整列乗車を心がけましょう」と呼びかけるだけで、みんなこれを守っています。直系家族時代の道徳が生き残っているのです。

しかし、逆に言うと、直系家族時代の遺制としての道徳が残っているために、「なぜだろう」という疑問が発せられることはありません。なぜ整列乗車を心がけなければならないのかと改めて問われることがないのです。

私の考える、疑似的核家族時代の道徳教育、つまり「正しく理解された自己利益（自己愛）」とは、何ゆえに整列した方がしないよりも得かということを考えることから始まるものです。

今、かりに、だれもが整列して順番が来るのを待つのはしんどいから嫌だ、そんな苦労をしないでいきなり割りこみたいと思って行列を作らない人がいたとしましょう。自己利益だけが前面に出た「貪欲《どんよく》百％」の状態です。当然、乗客はわれ勝ちに乗車口に殺到します。

しかし、そうなると、通勤時間帯のラッシュ時であれば、激しい混乱が生まれることはまちがいありません。中には怪我をする人も出るでしょうし、喧嘩《けんか》も頻発するに違いありません。腕力のある人は手や肘《ひじ》で人を押しのけて無理やり中に入れるかもしれませんが、しかし、そうすることで消費される肉体的・精神的なエネルギーは、腕力のある人にとっても半端なものではないはずです。もちろん、腕力のない女性や年配者・子どもは乗車できないままホームに取り残されることになります。

核家族類型の中でも絶対核家族と呼ばれるもっとも強い核家族類型のイングランド社会に生きたホッブスにとっては、こうした状態は自明のものでした。つまり、当然の前提だったわけです。実を言うと、この前提の有無が、直系家族類型のドイツや同じ核家族類型でもイングランドと違って平等主義核家族と呼ばれる核家族類型(兄弟の遺産相続が平等)のフランスでの哲学の展開に差異を与えたのですが、しかし、これについては深入りを避けておきましょう。

確認すべきことは、社会の全員が自己利益と自己愛の最大化を目指して激しく争うという無秩序状態は、絶対核家族のイングランドだからこそ生まれた認識であり、イングランド出身のホッブスはこれをもとにして「万人の万人に対する戦い」という有名な原始社会の理解を導き出したということです。

話を整列乗車に戻しましょう。

さて、電車に乗るたびにホッブスの言う「万人の万人に対する戦い」が繰り返されたら、非効率で仕方がありません。だれもがもう勘弁してくれ、これなら行列を作ってきちんと並んだ方がいいやとなるはずなのです。こうして得られた整列乗車的な約束事をホッブスは社会契約と呼んだのです。

つまり、貪欲丸だしで自己利益を百％得たいと思うこと（これをホッブスは自然権と呼びました）は、逆に無駄なエネルギーを消費して、自己利益は百％に届かないことになる。それどころかそのほとんどを失うことにもなりかねない。ならば、全員が百％の自己利益（自然権）の一部を進んで放棄する約束（社会契約）を結んで、逆に各人の自己利益の七十％くらいは確保されるようにしようという考え方です。

このように「整列乗車をしましょう」という「でき上がった道徳の遵守呼びかけ」ではなく、「整列乗車は、いかなる筋道を通って、各人に自己利益の七十％を確保する社会契約に至ったのか？」を、生徒各人に自分の頭で考えるようにさせるのが「正しく理解された自己利益」の教育というものなのです。

道徳や法律というと、禁欲や自己利益の放棄を強いられるような気がするので、自分が損をするイメージが強いのですが、実際はその反対で、多くの場合、自分がもっとも得をするために理解しておくべき方法の別名なのです。

バーゲンセールから得られる教訓

自己利益の最大化をはかるのにただ貪欲であるだけでは失敗するというもう一つの例として私がよく挙げるのが、バーゲンセールでの買い物です。

だいたい、バーゲンセールというのは、期間限定にして正価の四割引きから五割引きで行われます。この場合、確かに値段は半額近くというメリットはあるのですが、それと引き換えに、選択の幅が狭まっているというデメリットがあります。具体的に言うと、平均的なサイズのだれもが好みそうなデザインと色彩のものは正価の段階で売れてしまって、デザインは好みだけど、色がよくないとか、ＳやＸＬといった両端のサイズは残っていても真ん中のMサイズはないということがよくあります。結局、買いたいものはなく、ただ安いからという理由でそれほど好みでもないものを買って箪笥《たんす》の肥やしにしてしまうことになるのです。

ここから得られる教訓は、「本当に欲しいものは正価で買っておけ」ということです。

このバーゲン理論は、結婚相手や恋人を探す時にも応用が利くと思います。たとえば、女性なら、当然、経済力があって、学歴があって、ルックスがよくて、ガッツがあって、性格がよくて、家柄もいいといったパーフェクトな男性が理想でしょう。

逆に、男性なら、理想の女性は、美人で、ナイスバディで、優しくて、料理が上手で、センスがいいといったところでしょうか？　しかし、こうしたすべての項目においてパーフェクトな男性や女性というのは、確率的に言うと百人に三人くらいしかいません。それは経済力、学歴、ルックス、性格、家柄といった五項目を二分の一の確率として五乗してみればいいのです。つまり、三十二分の一。百人なら三人くらいの確率です。

こうした確率の相手を探し出すのは、こちらが同じような三十二分の一の確率のパーフェクト人間であったとしても決して容易なことではありません。人と人の出会いはコンピューターでは決められないからです。三十二分の一の確率の相手と出会うには、出会いの機会をできる限り増やしてゆく努力をしなければなりませんが、しかし、人生は忙しいですから、それればかりを考えてはいられません。

女性の場合、最近は、大学で専攻した分野で自己実現を済ませることが先決だし、同時に女子会のノリで、旅行、グルメ、観劇といったことは男っ気抜きの方が楽しいので、そうしたことを全部心ゆくまで楽しんでから結婚をしたいと考えて、さて、そろそろ潮時だから結婚相手を探そうと思って合コンに出掛けても、もうその時には遅いのです。

というのも、合コンにやってくるような男というのは、バーゲンセールの見切り品と同じで、パーフェクトな男はもうとっくにだれかと結婚してしまっているのです。もちろん、背丈の意味ではなくSサイズやXLサイズ的な男（つまり平均的な好みではない破格系の男）は残っていますから、自分にピッタリの場合もあるでしょうが、たいていは五項目のほとんどで×のついた男たちばかりのはずです。

その結果、「いい男はみんな結婚している」という事態になるのです。酒井順子さんの『負け犬の遠吠え』（講談社文庫）でこうした報告がなされてからすでに十年以上経過していますから、事態はより深刻になっていると思います。

これは何を意味するかといえば、バーゲンセールの始まる前に正価でちゃんと買った人がいるのと同じように、こちらがやれ自己実現だ、グルメだ旅行だと人生をエンジョイしている間に、ひそかに求愛行動を開始していて、ライバルの少ない段階で、若さという最大の武器をフルに活用して確率三十二分の一のパーフェクト男をゲットしている女性が必ずいるのです。「若さを巧みに効率的に使った」その女性とそうでなかった自分を比較して、あんな女なんかよりも私の方が百倍いい女なのに！　と思っても、後悔先に立たず、「若さ」というロイヤル・ストレート・フラッシュをここぞという時に投入した「博才のある」女性にはかなわないのです。もちろん、男の人には、「若さ」よりも「成熟」に価値をおく賢明な人もいないことはないでしょうが、そうした女性の側から見て好ましい男というのは、日本では圧倒的に少数派であるという現実を直視すべきではないでしょうか。

男というものは、原始の本能において、受胎可能性の一番高い女性を選べという我がまな遺伝子の命令を受けて行動していますので、普通の男だったら、若い女性の方を選ぶものなのです。

これもまた、自己実現や旅行、グルメ、観劇など、自分のやりたいことを百%やった上で、最大の自己利益を得ようと目一杯欲張ると、逆に失敗する典型的な例です。そして、最大の自己利益獲得努力の果てに得るものといったら何でしょうか？　若い時なら見向きもしなかったようなノン・パーフェクトな男と結婚するか、あるいは独身を貫徹するか、幸いなことに現代ではどちらのオプションも許されますが、いずれにしても、「少しも損せずに大きく儲けよう」と狙《ねら》うと的を外すことだけは確かなようです。

この場合も、「小さく損して大きく儲けよう」という賢い禁欲こそが、自己利益の最大化に通じる王道なのです。

この点、「正しく理解された自己利益」というものを子どもの頃から教えられている絶対核家族類型のイギリス人やアメリカ人は、こうしたパートナー選びにおいても真剣そのもので、自己利益を最大にしようと、若い時から一生懸命に考えているのです。ボーイ・ミーツ・ガール的な恋愛小説がフランスではなくイングランドにおいて生まれたのもむべなるかなです。

「情けは人のためならず」は賢く生きる知恵

ところで、このように「正しく理解された自己利益」という考えに基づいて「小さく損して大きく儲けよう」という「賢い禁欲」こそが道徳の根底であると主張すると、そんなことは、日本ではずっと昔から行われてきたことではないかと反論する人が出てくるでしょう。

実際、まさにその通りで、「腹八分目」とか「情けは人のためならず」という諺《ことわざ》が示す通り、日本でも大昔から実践されてきた認識なのです。

事実、戦後、日本が、焼け跡から立ち上がり、驚異的な経済発展を遂げることができたのも、自己利益追求と賢い禁欲主義が巧みにブレンドされていたためなのです。

一見すると高度経済成長は、核家族類型の原理である効率・功利主義という名の貪欲主義が支えになっていたようにも見えますが、本当は、戦前の直系家族類型の時代に叩きこまれた刻苦精励型の禁欲的な精神主義がまだ消えずに残っていたために、二つの要素が絶妙な加減でブレンドされて実現したことなのです。いわば、「損して得取れ」という賢い禁欲の知恵が無意識のうちに経済分野でも使われることで日本経済にとっての自己利益の最大化がはかられたわけです。

したがって、もし安倍内閣が、直系家族類型に特有の「禁欲」と「節約」を旨とする古い道徳を復活させようとすると、より多くの欲望を実現するのが幸せな生き方とされる資本主義社会にあってはむしろ弊害をもたらす可能性の方が大きくなると言えます。というのも、「禁欲」と「節約」だけだったら、だれもものを買おうとしませんから、永遠にデフレを脱却できず、デフレはスパイラルとなってさらなるデフレを呼ぶはずです。

そのことは、われわれは失われた二十年で十分に経験済みでしょう。一人ひとりとしては、それなりの正しさを持っている禁欲と節約は、これが社会全体に広がると巨大なデフレとなって、個人にさらなる禁欲と節約を強いるようになり、次にこれがさらなるデフレを呼びこむという永遠の悪循環に嵌《は》まりこんでしまうのです。

といって「むき出しの貪欲」で進むのもリーマン・ショックの例を見るまでもなく、結果的には自己利益の破綻《はたん》につながってしまいます。

こうしたことを踏まえて、私は、「正しく理解された自己利益」を根幹にすえた「新しい道徳」を作るべきだと思っているのです。

この「正しく理解された自己利益」の参考になるのが、アレクシス・ド・トクヴィルという十九世紀のフランスの思想家が残した『アメリカのデモクラシー』という本です。

トクヴィルは十九世紀のアメリカ社会を子細に観察し、「正しく理解された自己利益」こそがアメリカの民主主義を動かしている精神だと喝破しました。すなわち、社会の成員一人ひとりが、自分たちの住む小さな町で、それぞれの生活の課題についてタウン・ミーティングに参加し、自分の意見を言うと同時に他人の意見にも耳を傾けるという経験を積む過程で、自分にとって何が本当に得で何が本当に損なのかを正しく理解するに至ると考えたのです。この前提があって初めてアメリカの民主主義はうまく機能するとトクヴィルは見抜いたのです。

しかし、そうはいっても、「正しく理解された自己利益」という結論に到達することはそう簡単ではありません。トクヴィルが観察した頃のアメリカのタウンは、開拓村に毛が生えた程度の小さな町でしたから、タウン・ミーティングに参加する成員の数も多くなく、議論も十分に尽くされたし、間接民主主義ではなく、直接民主主義が機能していました。

ところが、今ではソーシャル・メディアが発達したといっても、それは罵倒《ばとう》を浴びせるのには適していても、議論を深めるということには向いていませんから、ソーシャル・メディアをタウン・ミーティングの代わりにすることはできません。罵倒が重なって、ホーム・ページの炎上となるのが関の山で、みんなそれを恐れますから、言いたいことも言わなくなります。言論を正しく導くために導入されたはずのソーシャル・メディアが言論を封じるというパラドックスが生まれてくるのです。

それは今日のアメリカの民主主義社会が抱える無数の問題を見ればよくわかります。ソーシャル・メディアの発達で、社会は逆に「まちがって理解された自己利益」の追求という短絡的な方向に向かっているように見えます。ブログやツイッターの炎上で気勢を上げる人たちを見ると、「牛泥棒は縛り首にしろ!」とリンチを叫ぶ西部劇の群衆のことを思い出さざるを得ません。

では、「正しく理解された自己利益」ではなく、「まちがって理解された自己利益」を追求する人が増えて圧倒的多数になれば、どういう事態が生まれるでしょうか？　先ほどの整列乗車の例を再び持ち出すならば、列に並ぶと損をするという共通理解が生まれたとたん、「われ先乗車」が新しいルールになるかもしれません。その場合、「正しく理解された自己利益」は無効となり、「まちがって理解された自己利益」がすべてを支配する悪夢のような弱肉強食の世界が出現することになるでしょう。

そんな混乱を避けるためには、何が本当に得で何が損なのかを一人ひとりが徹底的に考える新しいタイプの道徳教育を行う以外にはないのです。

「考える方法」を教えることが新しい道徳教育になる

そうした教育の前提となることは二つあります。

一つは、考える方法それ自体を教えることです。考えるには、現状を観察し、比較・検討を行って問題点を剔出《てきしゅつ》し、その因って来たる原因と解決策の提示という形を取るほかありませんが、その過程のそれぞれにおいて守るべき原則があるので、その原則そのものをまず教えこむ必要があるのです。科学研究というのは、そうした遵守すべき原則によって成り立っているのですが、先のSTAP細胞事件のように、この原則教育が疎《おろそ》かにされているると、結果は悲惨なことになってしまうのです。

もう一つは、社会において、私たちが日々遭遇する身近なことに例を取って、その問題について深く考えるよう勧めることです。

たとえば、憲法九条について議論することも大切ですが、その前に、税金とは何か、年金とは何か、労働組合とは何か、勤務時間とは何かといった、給料明細を渡されるたびに私たちが実感する卑近な問題から入っていくのも一つの手だと思います。

税金を例に取りましょう。日本国憲法には国民の義務として「納税の義務」が謳《うた》われていますが、国民の間には、江戸時代の無意識の記憶でしょうか、税金は、自分の正当な労働の報酬をお上がかすめ取るものであり、正直に納めると損をするというイメージが強く残っています。税金に見合った分のサービスを国や自治体から受け取っているという実感が湧《わ》かないからです。

もちろん、税務署や市役所・区役所に行けば、税に対する正しい理解のためのパンフレットのようなものが置いてあります。しかし、だれもそんなものを熟読しようとする人はいません。

税金といえば、ただ「取られる」という感覚だけで、それが回り回って自分たちの生活をよりよいものにしているという感覚が希薄なのです。徴収された税金がどのようなところで使用されて、私たちに還元されているかということには関心が向かわないのです。

もちろん不要な道路を造るなど無駄遣いの部分ももちろんいろいろとありますが、税金がおおむね正しく使われたおかげで日本が世界でも有数の住みやすい社会になっていることは事実なのです。そうでないと主張する人たちは、一度、発展途上国を視察されるといいと思います。日本のＯＤＡ（政府開発援助）などの援助は一部の特権階級の懐を肥やすだけに使われて、貧しい民衆の生活を支えるインフラなどに使われることなく消えていってしまう事実を目の当たりにされるはずです。

世界一の治安を保障する日本の警察、至るところで人とものの効率のよい移動を可能にした整備された日本の道路網、原則無償の日本の義務教育など、これらは空気のように存在しているので、あって当たり前と思っていますが、なくなったら大変なことになるものばかりです。これらは、国や自治体の税収が不十分であれば、いずれも存在していないものなのです。われわれは税金を払うことで一方的に「損」をしていると感じていますが、実は「得」をしている部分も決して少なくはないのです。

そこで一つ提案をしたいのですが、私たちが納税する税金に一万円単位で「追跡番号」を振るようにしたらどうでしょう。以前には夢物語だったこうした方法は、今では原理的には可能なはずです。携帯電話の端末を納税とリンクすれば、ビッグデータで追跡は可能になるはずです。

こうしておくと、その意思さえあれば、自分の収めた税金が次の年度にどこに使われているのかが一目でわかり、納税が私たちの生活にいかに還元されているか、あるいはその逆かが実感できるはずなのです。たとえば、道路建設に使われているとか、あるいはひとり親家庭の生活補助に使われているとか、あるいは役人の給料になっているとか、だいたいのところは把握できるでしょう。

少なくとも、これで国民が税金の無駄遣いに敏感になることでしょうし、納税時には、自分が国家のパトロンであることが正しく実感されるはずなのです。

つまり、納税というようなことにも、「正しく理解された自己利益」の観点を導入すれば、自分は損ばかりしているという不公平感は消え、納税で得をしていることもあるのだと納得できるでしょう。納税というのは、自己利益の一部を放棄することで、社会のインフラ整備というより大きな自己利益の基礎となるのだということが正しく理解されるはずなのです。

同じことが年金や保険についてもいえます。一万円単位で「追跡番号」を振るようにしておけば、自分の収めた年金や保険がどのようなところに生かされているかがわかり、今自分が収めている年金や保険は、他人のためにかすめ取られているのではなく、いずれは自分たちの生活を保障してくれるのだということが理解されるのではないでしょうか?

広い視野で「正しい損得勘定」をする

このように、何が得で何が損かということを深く考える「正しい損得勘定」こそ、賢い新しい道徳の基礎となるべきものだと思いますが、ここで、一つ大きな問題があります。それは、損か得かの見積もりは近視眼的であってはならないということです。現時点では得に思えてもいずれ損をすることもありえますし、今は損に見えても将来は得をするというものもあるのです。

たとえば、現在（二〇一五年）、安倍内閣で推進されている国土強靭《きょうじん》化計画の一環としての道路建設ですが、これは、日本が人口拡大期にあったころのゼネコン的発想で、不可逆的な人口減少期に入った二十一世紀には、使用頻度の少ない道路に貴重な税金を費やすという典型的な税金の無駄遣いに通じる恐れがあります。

確かに、今はこの国土強靭化計画によって、官公庁からの工事発注が相次ぎ、ゼネコン業界はおおいにうるおっていますが、すでに人手不足が深刻となり、人手不足倒産回避のために移民労働者の解禁が叫ばれるようになっています。しかし、この一時的好景気が終われば、職を失った移民労働者の処置をめぐって、欧米と同じ移民問題が発生することはまちがいありません。そして、そうなったら、現在、「在日」の人々に向けられているヘイト・スピーチが新しい移民労働者に向かうことは確実です。現時点での「得」が将来の「損」となる可能性は十分にあるのです。

こうした「今の得」が「将来の損」の典型は戦争の勝敗です。

戦争の歴史、とくに戦争の勝ち負けが当事国双方に与えた影響というものを追跡調査した歴史研究に当たってみるとわかることですが、戦争というのは、一方的勝利も一方的敗北もどちらも将来に禍根を残すのに対し、引き分けはあまり禍根を残さないものなのです。

普通に考えると、戦争すること自体が、「今の得」を狙っての決断ということになります。相手国からの一方的侵略戦争でない限り、どんな国も勝てると思って戦争するので、初めから負けると思って戦争を始める国はありません。ですから、戦争で一方的勝利を収めるということは、「今の得」が「将来の得」に通じる、とてもハッピーなことのように思えますが、現実はそうはならないのです。というのも、戦争で一方的に勝った国というのは、どうしても「現在の得」ばかりに目が行くために、「将来の損得」まで視野に入ってこないものです。そのため、戦勝気分に覆われて相手国のプライドや反発といったことは眼中になくなり、思う存分に相手国を痛めつけてしまいます。

ところが、負けた国というのは、表面的には相手国に一時的に屈従するように見えますが、内心では深い恥辱を受けて戦勝国を強く恨むようになるからです。敗北の責任が百%自分たちにある場合でもそうなのです。

具体的にいうと、一八七〇～一八七一年の普仏戦争における敗戦国フランスがそうでした。この戦争でプロシャは完璧なまでの勝利を収めたと言っても過言ではありません。そのため、アルザス＝ロレーヌを割譲させることは当然の権利としてこれを行使しました。一方、フランスはプロシャ軍にボロ負けしたわけですから、アルザス＝ロレーヌの割譲という講和条件を押しつけられても文句は言えなかったはずなのです。ところが、国家の首脳同士はそれでよくても、国民感情はそれでは収まりません。ボロ負けしたのだから領土を取られても仕方ないというふうにはならないのです。必ず「クソッ、次はボロ勝ちして、思いきり復讐《ふくしゆう》してやるぞ」というようになるのです。その結果がどうなったかは歴史が証明する通りです。対独復讐に燃えたフランスは第一次大戦で勝利すると、ドイツにやられたことの倍返しを行い、第二次大戦の直接の原因を作ったのです。

つまりは、普仏戦争でのプロシャのボロ勝ちが二度の世界大戦の遠因であり、この時に、プロシャ＝ドイツが「将来の得」を見越して、「現在の得」を少し我慢し、アルザス＝ロレーヌの割譲を言い出さずに賠償金程度に止《とど》めていたら、あるいは第一次大戦も第二次大戦も起きなかったかもしれないのです。

しかし、もし、そのような寛大な講和条件でプロシャが我慢していたら、プロシャの国民が黙っていなかったかもしれません。国民の貴重な血が流されたのに、国家首脳が取るべきものを取らずに手打ちをしたということで暴動が起きていただろうと予想されます。これは日露戦争講和時での日比谷焼き打ち事件を見れば明らかです。国民感情というのは政治家にとって取り扱い注意の代物なのですが、しかし、それを恐れて対外強攻策を取れば、必ずや、そのツケは将来に回されることになるのです。

このように、損得のモノサシというのは、歴史の流れにより、また社会の仕組みやビジネス様式が変わるとともに常に変化しているので、将来の損得でものを考えないと、得のはずが損に、損のはずが得になることがしばしばあるのです。それどころか、人間関係が変われば得なことも損になるし、感性や感覚の違いによって損得の目盛りがかなり異なってくることもあるのです。

これは、どんなに優秀なスーパーコンピューターが出現しても同じことで、真の損得を見極めることは決して容易ではないのです。損得勘定の計算式に使われる変数があまりにも多すぎるからです。だからといってまったく何の損得思考をしなくても結果は同じというわけではありません。やはり、考えないよりも考えた方が得なのです。

さしあたり、「最善の答え」が見つからなくとも、現時点で「よりよい答え」は少なくとも導けるはずなのです。社会が複雑になっていくほど、こうした損得勘定はより難しさを増すことでしょう。だからこそ、一層、「正しい損得勘定」を核とした新しい道徳教育を作り上げていくことが不可欠となるのです。

第五章　幸福のカギを握るシンプルな原理

資本主義社会の原動力は自尊心にあり

人という生命体を動かす行動原理は三つあると思います。

一つは生殖活動や食事などの「自己保存欲求」。これには、贅沢《ぜいたく》をしたいとか、お金を山ほど手に入れたいとか、異性にもてたいといった人間ならだれでもが抱くような欲望も含まれます。

もう一つは自尊心。

そして最後の一つが「面倒くさいことは嫌いだ」という省エネ欲望。これは思っているよりもはるかに強力で、現在のネット社会はこの欲望から生まれたものです。

このうち、「自尊心」は人を人たらしめるとても重要な動機だと思います。

自尊心の中でも露骨なものを私は東海林《しょうじ》さだおさんにならって「ドーダ」と呼んでいます。「自己保存本能」を充足し、面倒くさいことをすべて省略したのちに、人は、「ドーダ！　おれ（わたし）って凄いだろ、どうだ！　まいったか！」という自尊心の充足に向かうのですが、逆にみれば、これがすべての出発点であるとも言えるのです。他人の承認によって自己の存在が認められた時に初めて人は深い満足感を得るわけで、心理学的には自己認知願望という言葉が使われています。

つまり、「ドーダ」願望が満たされた時、人はすっかりうれしくなって生きてきたかいがあると感じますが、反対に、認知してほしいという期待が裏切られたり、満たされなかった時は、相手に強い憎悪を感じたり、社会を呪《のろ》ったり、自己嫌悪に襲われたりするのです。つまり、人は「ドーダ」を巡って自己愛と自己嫌悪の間を行ったり来たりしているのです。

ところで、この「ドーダ」という自尊心の充足がどれくらい重要だったかといえば、もし、人間に「ドーダ」がなかったら、科学者の偉大な発見も、芸術家の歴史的傑作も、起業家の社会を動かす大事業もすべてなかったかもしれないのです。

また、反対に、資本主義の悪弊である「限度を知らない貪欲」も、「ドーダ」を追求しすぎた結果と言えるのです。つまり、善も悪もみんなドーダから生まれてきたもので、本当は「ドーダ」一つで人間のすべてが解釈できると言っても過言ではありません。

もちろん、「ドーダ」は巨大な善や巨大な悪にのみ働くわけではなく、日常のどんな些《さ》細《さい》な行為にだって潜んでいるのです。

たとえば、病気自慢ドーダというのがあります。

年配の人たちが電車や公園などで話しているのを盗み聞きしていると、Aさんが「自分はガンになって何カ月入院した」と言うと、Bさんが、「そんなのは序の口で、自分などもう三回もガンで大手術している」と言い返していることがあります。これも立派なドーダで、BさんはAさんよりも、「自分は三度のガン手術を乗り越えてきているのだから、おれの方が偉いんだ」と言いたいのです。

このように、社会に生きるほとんどの人間は「ドーダ」を原理として日々生きているのです。

そのドーダの中には世間的には評価されないような行為もあります。私は、「一寸の虫にも五分の魂」という言葉を言い換えて、「一寸の虫にも五分のドーダ」と言っています。つまり、どんなチンケでつまらないことでも、人間はドーダしたいのです。

たとえば、チンピラ同士が偶然インターネットで知り合って、互いに「おれの方がこれだけ悪いことを平気でしでかしたぞ」と言って悪を競い合っていくうちに取り返しのつかない凶悪犯罪を起こしたりすることがありますが、これなど、ドーダのためなら人間は何でもするという公理を裏づけるものではないでしょうか？

こうした悪のドーダ原理はヤクザの組織や詐欺グループにおいてはより露骨な形を取って現れます。アンダーグラウンドの社会で出世するのは、より悪い、より冷酷な奴と決まっているのです。

悪い方へ「ドーダ」のアクセルが踏まれるのは、アンダーグラウンドの社会ばかりではありません。左右の過激派やオウム真理教などのカルト集団においても同じことが観察されます。より過激な「ドーダ」発言をして「ドーダ」の行動方針を提起した人が、より力のあるポジションにつきますから、組織はどんどん過激化していくのです。このように悪い方向で「ドーダ」競争が始まると、負のスパイラルが加速して往々にして収拾がつかなくなったりします。

ところで、私は「ドーダ」のタイプを大きく二つに分けています。ベンツのSクラスに乗ったり、豪邸に住むのはわかりやすい「ドーダ」ですが、こうした類のものを「陽ドーダ」と命名したいと思います。これに対して、一見「ドーダ」には見えないような、わかりづらい「ドーダ」は「陰ドーダ」と呼ぶのがいいのではないかと思います。

たとえば、西郷隆盛のような禁欲と自我抑制の塊といったような人がいますが、こうした謙虚な人は、決して「ドーダ」と威張った顔をしませんが、その凄《すさ》まじい禁欲の仕方において「ドーダ」をやっているわけで、これもまた立派なドーダ、つまり「陰ドーダ」なのです。

「質素でつつましい、ロハスな生活はいいもんですよ」みたいなことを書いているエッセイストなんかも「陰ドーダ」の部類に入るでしょう。車を使わずいつも自転車、食べるものは自家菜園で作った野菜を中心とした粗食、そんな質素でエコロジカルな生活を雑誌やウェブで「いいでしょう！　うらやましいでしょ！」と見せびらかしているのですから、これがドーダでなくて何でしょうか？

傲慢《ごうまん》なタイプの人はしょっちゅう威張っているので、極めてわかりやすい「陽ドーダ」

に分類されますが、反対に謙虚な人は、「私（ぼく）って出しゃばらない、いい人でしょ」と「ドーダ」をやっているわけで、「陰ドーダ」は度が過ぎるとけっこう嫌みになるから要注意です。

それはそうと、「陽ドーダ」と「陰ドーダ」では、どちらがお金持ちになる確率が高いでしょうか？「陰ドーダ」の人は一見、お金儲けとは無縁なように見えますが、実際は「陽ドーダ」の人よりもお金持ちが多いと思います。「陽ドーダ」の人はたくさんお金を稼ぎますが、自分の「ドーダ」を支えるためにたくさんお金を使ってしまうので、お金があまりたまりません。これに対して「陰ドーダ」の人はたとえお金の稼ぎが少なくとも禁欲に喜びを感じるので、結果的にお金がたまるのです。

それでは資本主義の社会においてはどちらのタイプが好ましいのでしょうか？

ヴェルナー・ゾンバルトというドイツの経済学者は陽ドーダのように無駄遣いをする人がたくさんいた方が、お金が回って経済が活性化すると考えました。

一方、同じくドイツの社会学者のマックス・ウェーバーは資本主義の発展には資本の蓄積が必要であるから、陰ドーダの人が多い方が資本の蓄積は急ピッチで進むと考えました。

実際、初期のアメリカではプロテスタンティズムの禁欲が資本の蓄積におおいに役に立ったのです。

おそらく、二つのタイプのどちらか一方だけしかいなかったら、資本主義社会は成立しなかったでしょう。陰ドーダの人が爪《つめ》に火をともすようにためたお金が銀行や株券を経由して陽ドーダの人の手に渡り、派手に稼いで派手に使われることで再び陰ドーダの人の懐に戻っていくのが資本主義の好ましい循環と言えます。

よって両方のドーダが資本主義社会の生成と発展には欠かせないのです。

全能感がみなぎっている幼児はドーダの塊で、「ねえ、ママ見て、見て！」と叫びながら何かをすると、ママが「凄いわ！」と褒めてくれるので、ますますドーダを強めていくことになります。しかし、人は歳を重ねるにつれ、いくらドーダしたくても、内容がともなっていなければ他人がドーダに承認を与えてくれないことを悟ります。自分の限界が見えてくる、『論語』で言えば「矩《のり》を踰《こ》えず」です、その結果、全能感を喪《うしな》い、それによって「ドーダ」の力を弱めていくのです。歳を取るということは、「ドーダ」の目盛りが減っていくことで、これを「あの人も丸くなった」などと言うわけですが、しかし、どんなに減ったとしてもドーダが完全になくなってしまうわけではありません。老人にも老人のドーダがあり、それを踏みにじられたりすると激高するのです。

このように「ドーダ」がなければ人間も社会も進歩はしないのですが、同時に「ドーダ」があるためにこの世に衝突や葛藤や喧嘩が絶えないことも事実です。それも人と人とのドーダ合戦ならまだましですが、日本と韓国、日本と中国のように、国と国とがドーダ、ドーダとやっていたのでは話になりません。外交は「得にならないことはしない」という理性第一主義で臨むべきところを、ドーダ、ドーダとやっているのでは何一つ解決しないでしょう。

ところで、不思議なもので、いくら、ドーダ、ドーダとあからさまにドーダをかましたとしても、なぜか、嫌われずに、人に好かれる人もいるのです。

亡くなった人類学者のYさんなどはその典型で、学問においても実生活においても「ドーダ」を連発した人でしたが、あまりにそれが子どもっぽいドーダだったので、稚気愛すべしということであまり憎まれることがありませんでした。私も、何回か被害に遭いましたが、どうしても嫌いになることはできませんでした。

こうした稚気を伴った「ドーダ」ならいいのですが、そうでない自己愛だけのドーダの場合は最悪です。よほど歳を取らない限りドーダが減ることはありませんから、トラブルの原因になる可能性も高いと言えます。不幸にしてこの手の「ドーダ」と出会ってしまった時は、背中を向けできるだけ早く逃げ出すに限るのです。

「面倒は嫌い」という動機が社会を発展させた

「面倒くさいことは嫌いだ」ということも、「ドーダ」に劣らず人を動かす主要なる動機だと思います。人間というのは基本的に面倒くさいことが嫌いな生き物です。面倒くさいことが嫌いというのは人間の絶対本能であるとさえ言えます。できることなら面倒なことをせずに生きていけるのが最高の幸せとさえ思っているのです。

ここで、一つ、実証不可能な仮説を立ててみたいと思います。

それは、生物が単性生殖から両性生殖に移行したのはなぜかという問いに対して、それは単性生殖だと面倒くさいことを処理しにくいので、両性生殖に移ったのではないかという仮説です。

分子生物学の発達によって、オスはメスから派生したことがわかっています。だとすると、何かと面倒くさいと感じたのはメスの方で、その面倒くさいことをさせるためにオスを発明したという仮説になるのですが、どうでしょう？　といってもオスに面倒くさいことだけをさせるわけにはいかないので、バーターとしてセックスの快楽というものを作り出し、オスが御褒美につられて一所懸命になってその面倒くさいことをするようにしたのです。

では何が面倒くさかったのかといえば、餌《えさ》の確保です。単性生物にとって、餌を探しにいくのは面倒くさいと感じられたに違いありません。そこで、餌を恒久的に確保させるためにメスはオスを発明したのでしょう。

このメスの戦略は基本的に正しいものでしたが、しかし、そのうちに、オスもオスで進化を始めたのです。それは、餌を確保するために進化した力、他のオスと戦ってこれを倒すために獲得した暴力をメスに発動して、自分の主人であったメスを従わせることに成功したのです。メスは面倒くさいことを回避するためにオスを発明したつもりが、その「道具」に支配されることになってしまったというわけです。このパラドックスは以後、何度も登場することになります。

やがて、面倒くさいことをするために作られたはずのオスは、面倒くさいことはしたくないから、だれか他の奴にその面倒くさいことをやらせようと考えるようになります。この傾向は、ヒトがサルから分離したことにより、より顕著なものになります。というのも、ヒトのオスは、他の部族のオスやメスを襲って、その食べ物や衣服を奪い取るだけではなく、他の部族を襲って面倒くさいことをやらせることにしたのです。これが奴隷の誕生で、おそらく、面倒くさいことは嫌いだというのが人間を動かす大きな原理だとすれば、人類の誕生から間もない時期に奴隷も誕生しているはずなのです。

しかし、奴隷というのは案外コストのかかるものです。適度に餌と休養を与えないと、いくら鞭をあてても積極的に働こうとはしません。

そこで、オスは考えました。奴隷の代わりに、だれか自分の方から積極的に働くと言ってくる奴はいないだろうかと。

こうして誕生したのが、解放奴隷としての労働者です。労働者は、奴隷と違って、金を与えなければ決して働こうとはしませんが、金を与えさえすれば、自分の方から積極的に働きます。金という新種のアメの方が鞭よりもはるかに大きな効果を持っていることに主人は気づいたのです。

アレクシス・ド・トクヴィルは南北戦争以前の一八三〇年代にアメリカを視察し、次のような驚くべき事実を発見したのです。

それはミシシッピイ河を挟んだ二つのよく似た州を観察した時のことです。かたや奴隷州、かたや奴隷が解放された自由州。環境も面積も人口もほぼ同じなのに、奴隷州は衰退し、自由州は大発展を遂げているのです、では、どちらの方の黒人が惨めな環境に置かれているかといえば、圧倒的に自由州の黒人の方が劣悪な労働条件で働いているのです。

「面倒」の無限連鎖の中で人生は完結する

さて、ここまで言えば、もうおわかりでしょう。ヒトは、奴隷という案外コストのかかるものに代わって、労働者という存在を発見し、面倒くさいことは全部やらせることにしたのです。

かくて、ヒトの社会は資本家と奴隷という関係から、資本家と労働者という関係に変わりました。そして、その労働者も、面倒くさいことはできる限り他人にやらせようと考えますから、自分の下で働く労働者を雇うことになります。こうして、主人（社長）をトップに、派遣労働者を底辺にした「面倒くさいことの順送りシステム」ができ上がっていくのです。

しかし、そのうちに、資本家は「面倒くさいことの順送りシステム」にはコストがかかりすぎると感じるようになります。面倒くさいことを一気に省いてくれてコストもかからないものはないものかと思っていたところへ機械というものが発明されたので、当然のようにこれに飛びつきました。工業化社会の到来です。

こうして、面倒くさいことは全部、機械にやらせることになったので、今度は、人手が大量に余るようになりました。難しい言葉を使えばポスト工業化社会がやってきたのです。

さて、ここからようやく、現代のビジネスの話となります。

面倒くさいことは全部、機械にやらせることにした。では、それで余った人員をどうやって使ったらいいか？

この問題に直面した時に、現代の主人（社長）の頭にひらめいたのが、機械では代行できないような面倒くさいことを、余っている労働者を使って代行させようという発想です。

こうして生まれたのがサービス業という第三次産業です。ようするに、サービス業というのは面倒くさいことの代行業なのです。

面倒くさいことが嫌いな人のために「面倒なことを代わってやって差し上げましょう」と言って、低賃金で雇った労働者に面倒くさいことをさせるのがサービス業の本質です。

現代はサービス業に従事する人が人口の大半を占めるポスト工業化社会ですから、社会の全員が全員のために面倒くさいことを順送りにやっているという状況なのです。

しかし、この巴《ともえ》のようなサイクルを続けていると、人のために面倒くさいことを代わりにやっているために自分の面倒くさいことをする時間がなくなってしまいます。

その結果、人間にとって一番面倒くさいこと、つまり育児と老親の介護も人を雇って代わりにやってもらおうということになってしまったのです。当然、家族は崩壊します。なぜなら、子どもは面倒くさいことをやってくれるからこそ親に愛情を持つのであり、親が育児という面倒くさいことを人に代行させておいて、私は親だから愛しなさいと言っても、それは無理ということになるのです。そして、そうして育った子どもが親の面倒を見るかといったら、そんなはずがありません。自分のことを面倒見てくれなかった親の介護なんかだれがするか、そんな面倒くさいことは国にやってもらおうということになるのです。

それだけではありません。面倒くさい、面倒くさいと言っていると、育児に先立つこと、つまり恋愛とセックスという面倒くさいことがやりたくなるのです。恋愛とセックスが面倒くさいと感じるのは男の方が多いはずですが、しかし、女の方でもこれを面倒くさいと思うパーセンテージが徐々に増えてくるでしょう。

こうして、オナニー産業が、とりわけネット経由のそれが大繁盛となり、一大産業と化したのですが、人間というのはオナニーだけではあまりに侘《わび》しいと感じてしまう憐《あわ》れで脆《ぜい》弱《じゃく》な動物です。その結果、オナニーを求めるのと同じ比重で純愛を求めることになります。ジャニーズやAKB48グループなどのアイドル産業に入れこむ人間が増えるのは、オナニー人間の増加と軌を一にしているのです。

これでは、人口がどんどん減少してゆくのは、いたしかたないと言うほかありません。

では、このように面倒くさいことを代わりにやってくれるシステムが発展していけば、人間は面倒なことをどんどん免れることができるのでしょうか？　そうは問屋は卸しません。面倒くさいことが嫌いと言う人が面倒くさいことを全部人にやらせたとしても、その人がお金を稼ぐには、他人の代わりに面倒くさいことをする仕事につくしかないというサービス社会になっているからです。

このように、面倒くさいことの回避を軸にして回転している資本主義社会においては、逆に、面倒くさいことは回避できないというパラドックスが生まれてきます。「面倒くさいことは嫌いだ」と言う人も、必ず別の「面倒くさいことは嫌いだ」と言う人の欲望を自分が代行しなくては生きていけない仕組み、それが現代という社会なのです。

面倒なことをカットしていくと、最終的にその報いは必ず自分に戻ってくる。そんな例は、わたしたちの日常の周りをちょっと見渡すだけでいくらでも見つかるはずです。

たとえば、東京駅や新大阪駅では新幹線の自動改札機を出たところで駅員が「乗車券はお手に持っていってください！」とずっと声を張り上げていますが、あの光景を見るたびに私は「何という矛盾だろう……」と思って苦笑してしまいます。もし機械に代行させると聞き取れずに乗車券を取り忘れてしまう人が出てきて面倒なことになるから、あんなことをやっているのでしょう。デジタル的に効率主義を進めた果てに、最後は生身の人間というアナログに頼らなくてはいけないという皮肉。この光景はまさに今の社会を象徴しているのではないでしょうか。

面倒を解消すれば別の面倒が次々と生じるというイタチごっこ。面倒くさいことの無限連鎖の環から飛び出ることに成功した人なんてこれまで一人としていなかったわけで、面倒くさいことから逃れられないのは人の宿命と思っておいた方がいいのです。

この社会を覆っている効率主義の支配的な価値観は、人間の生活から面倒くさいことをどれだけ省けるかという点にかかっていますが、残念ながらその「答え」はもう出てしまったといわざるを得ません。個人が面倒なことを逃れても社会全体で見れば面倒なことが増えたりするわけです。

ジャック・アタリというフランスの思想家が、現代の福祉国家というものは、被保険者が社長の解任権を持つ保険会社のようなものだと言っています。保険会社なら、保険料の滞納が続いたら保険契約は打ち切りとして、その人に不幸があっても保険金を支払う必要がありません。保険料の上げ下げもあくまで被保険者との条件交渉で、いかようにもなります。

ところが、福祉国家では、保険料（年金、健康保険、税金）を上げると言い出したら、国民は有権者という権利を行使して、保険料値上げの与党には投票しませんから、政権交代となります。つまり、福祉国家は被保険者に社長の解任権が握られている保険会社のような矛盾を孕《はら》んだ組織なのです。また、保険料（年金、健康保険、税金）を払わない被保険者には保険を打ち切ると通告しても、その被保険者が生活保護という別の保険を請求してきたら、これを拒むことはできないようになっているのです。また、たとえ生活保護の打ち切りに成功したとしても、その報いは犯罪の増加、治安の悪化として回ってきますから、かえってコストは高くついてしまうのです。

そのため、この福祉国家という保険会社の社長は保険料の値上げを言い出すこともできず、保険料の未納者には契約を解除すると通告もできないというジレンマを抱えているのです。というわけでどのように巧みに会社を運営したとしても、早晩、福祉国家という保険会社は倒産する（国家破綻）運命にあるのです。

幸福を追求すると、他のだれかが不幸になる

さて、以上、「ドーダ、おれさまはすごいだろう」と言いたいドーダ心と、面倒くさいことは嫌いだから人に代行させようという横着精神は、人間のあらゆる行動の原点だと言ってきたわけですが、これに対して「いや、その二つは一つに要約できる。人間を動かすのは幸福追求の心だ」と言う人がいます。デカルトと同時代のパスカルという哲学者です。「人間はすべて幸福になろうとしている。これには例外がない。幸福になろうとする方法に違いはあっても、全員がこの目標を目指している。戦争に行く者もいれば、行かない者もいるが、どちらもこの幸福になりたいという同じ願望から発している。願いは両者とも同一であり、違った見方が付随しているだけだ。意志というものは、この目標に向かう以外にはいかなる小さな行動も起こしえない。これこそ、ありとあらゆる人間のありとあら

ゆる行動の動機であり、首を吊《つ》ろうとする人もまた例外ではない」

なるほど、この幸福追求一元論の立場に立てば、ドーダすることで自尊心の充足を得て幸福になれるからドーダするのであり、面倒くさいことを回避するのは、面倒くさいことをしないで済んで幸せな気分になれるから、そうするのです。つまりは、幸福追求のためであると説明できるわけです。

また、最後にパスカルが指摘しているように、自殺をする人は生きていて不幸であるよりは死んだ方が幸せになれると思うから自殺するわけで、その観点に立てば自殺しようとする人に自殺をやめなさいと諭すのは個人の幸福追求の権利を邪魔することになります。「幸福追求の権利」は日本国憲法にも謳われている基本的な権利なのですから、なんぴともこれを侵すことはできないわけで、何とも困ったことになってしまいます。

自殺だけではありません。殺人という行為さえ、この幸福追求の原理から説明できます。すなわち、人を殺そうと思う人は、被害者を殺すことで自分がより幸福になれると信じるから殺すのです。人を殺せば、被害者の「殺されたくない」という幸福追求の権利を侵害することになるのですが、そのことがわかっていても人を殺してしまうのは、幸福追求という欲求がどんなものにも増して強いということを物語っています。

一般的に言って、社会が進歩していくには、独立した個人が国家のためでなく自分の幸福のために生きるのを肯定する以外にはありえません。個人の幸福よりも国家の幸福を優先するという国家主義はもはや、民主主義が定着した先進国では成立しえないのです。

しかし、一方で、全員が全員、自分の幸福だけを追求してしまうと、必ずどこかで別の人の幸福追求の邪魔をしてしまうことになります。

たとえば、家庭の主婦が「女としての幸せを精一杯満喫したい」と考え、その通りに行動すれば、子どもや夫は非常に困ることになります。恋多き女になって家庭の外で愛人を作ったり、家事よりも大事と美容に情熱を注いだりしたら、これは子どもや夫の幸福追求の権利を侵害することになるわけです。しかし、夫や子どもが母親を自分たちの生活の面倒を見てくれる人とだけ考えれば、これは母親の幸福追求を邪魔することになります。

このように、幸福追求の権利がぶつかり合って矛盾をきたす例は日常の至るところに見つけることができます。たとえば、公共空間における喫煙者の締め出しは非喫煙者には幸福なことですが、喫煙者にとっては不幸なことです。新しいバイパスができてとても便利になったと喜ぶ人がいれば、一方で大きな道ができたことで車の騒音や排気ガスに悩まされる人たちがいます。先ほど触れた自殺だって当人にとっては幸福追求の権利の行使かもしれませんが、家族や周囲の人の幸福を著しく損傷する可能性があります。明らかに最初から他人の不幸の上にしか成り立たない犯罪による幸福追求というケースもあります。

いずれにせよ、全員が皆自分の思いのまま幸福を追求していけるということは、原理的にありえないのです。

個人が幸福を追求していくことで生じる矛盾と不合理をいかに調整するかは、大きなところでは行政の役割ですが、最終的には一人ひとりの考え方にかかってきます。

最近の例で言えば、働く女性を支援するために新しく保育園がたくさん設けられたものの、園児たちの声がうるさいといった苦情が近所から寄せられたというニュースがテレビや新聞を賑《にぎ》わしています。これなどは、典型的な幸福追求の衝突と言えます。

この場合、難しいのは自分の幸福の追求がどのような形で他人の幸福追求を侵害しているのか、なかなかその回路がわかりにくいことです。園児たちの声がうるさいと苦情を寄せる人たちは次のように言うでしょう。自分たちがこの場所にマンションを買ったり、借りたりして住んでいるのは、ここが静かだからであり、もし初めから保育園があるとわかっていたら、買ったり借りたりしなかった。また、マンションを買った人は、保育園ができたので資産価値が下がったと言い出すかもしれません。

これに対し、保育園に子供を預けている母親たちは、やっと保育園ができて、自分たちも働くことができた。労働の喜びと賃金の獲得という二つの点で幸福追求ができたのだし、子どもは日本の将来を支える大切な柱なのだから、こちらの方でも幸福追求を断念することはできないと主張するに違いありません。ひとことで言えば、どんなことでも新しいファクターが生じると、それは複数の幸福追求が衝突することになるのです。

しかし、これなどは幸福追求が他の幸福追求と衝突する過程がはっきりと目に見えますから何とか解決の仕方があるでしょうが、もっと困るのは、複数の幸福追求のベクトルが複雑に絡み合っている場合だと、つまり、時間や空間の幅が大きいと、その因果関係がなかなか予測できないということです。ミクロの視点では正しい幸福追求も、それが合成されたマクロの世界では意図しない不幸を呼び寄せるかもしれないのです。この現象を経済の世界では「合成の誤謬《ごびゅう》」と言いますが、「幸福追求の権利」についても同様のことが絶えず起こるのです。

巨額の財政赤字負担を減らそうと、消費税率を十%にアップしたら、それによって消費が落ち込み、景気が悪くなり、税収は減って財政収入は激減してしまったということになりかねません。その反対に、国民の声に押されて消費税率の十%への引き上げを延期したら、累積赤字がさらに増大して、日本国債がマーケットで暴落し、金利が上昇して、民衆が苦しむばかりか、国債の利払いだけで予算がなくなってしまうということも予想されるのです。

経済の世界では絶え間なくこうした「合成の誤謬」が起きますが、しかし、これをマクロの視点に立って調整するのはそれがたとえ予見できたとしても非常に難しいことです。

原発問題にしてもなかなか決着がつかないのは、原発の利権に絡む企業や関係者、原発の恩恵を受ける地元民、原子力によって不利益を被る人、それぞれのミクロの幸福の追求(経済合理性)がぶつかり合ってマクロの合理性を導けないからなのです。

原発事故の直後は節電が広く呼びかけられ、震災の自粛ムードも手伝って、国民の間では資源の無駄遣いにつながる派手な消費活動を控えようという動きが生まれましたが、一人ひとりが極端な自粛に走り続けていたら、企業の売上は落ちて深刻な不況になり、震災の復興を遅らせる原因になったかもしれません。反対に「震災なんて関係ない」と一人ひとりが以前と変わらぬ贅沢を旺盛《おうせい》に続けていれば、景気指数が上向き、復興は早まったかもしれないのです。これも自粛行為というミクロのレベルでは正しい行動が、マクロのレベルでは不合理になるケースと言えるでしょう。

現代人がもっとも熱心な幸福追求の行動形態は、多くの場合、こうした経済合理性の追求となって現れます。しかし、経済合理性の追求ほど「合成の誤謬」が端的に現れるものもまたないのです。

というのも、経済合理性の追求は、その裏側で必ずある特定の人たちの幸福追求の権利を阻害する可能性があるからです。阻害するどころか、時には幸福そのものの概念を解体してしまう危険性さえ孕んでいるのです。

商業資本主義が過剰に発達すると「人間」の概念が変わる

たとえば、企業の貪欲な経済合理性の追求は、人々の幸福追求をいかに誘導するかに情熱が注がれています。

女性に対しては、「おとなしく家庭に入って真面目な専業主婦をするより、いつまでも〝女〟でいよう」と「女の幸福」を煽った方が、洋服は売れるし、エステなど健康・美容産業は潤います。反対に、男に対してはオタクカルチャーは素晴らしいと持ち上げて、より多くの人がオタクになってくれると、たくさんものが売れますから、雑誌やウェブの広告収入も増えることになります。

このように商業資本主義は、「これを買って楽しむことがあなたの幸福になりますよ」とひたすら煽り、本人がさして望んでいないかもしれない幸福を商品という形に規格化していくのです。

さらに商業資本主義の力は、ものによる幸福追求だけでなく、人間関係における幸福追求をもいびつに変形させることが少なくありません。

ものによってもたらされる幸福は金銭を媒介とする「有償の原理」が支えになっています。つまり、「金で買える」ということですが、家族、友人、恋人などの人間関係がもたらす幸福は〝愛〟を媒介とする「無償の原理」、つまり金で買えないことが前提になっています。

しかし、商業資本主義がものすごい勢いで発達し、金銭を媒介とする「有償の原理」が至るところに浸透してくると、それまで「無償の原理」で動いていた人間関係までもが「有償の原理」で動くかのように錯覚されることになるのです。

そもそも無償の愛というものはそれがわかるまでには時間がかかるものです。自分が子どもを持って初めて「あ、そうだったのか……」と親の愛がわかったり、「あの先生、きびしかったけど実は生徒への愛があったからなんだな……」と社会人になってから学生時代の先生を思い出したりすることは少なくありません。

ところがそうした「無償の原理」で動いている愛を、「有償の原理」で等価交換できるものと錯覚すると、親は子どもに対して「これだけたくさんのものを与えたし、これだけの教育をしてあげたんだから、あなたは私を愛しなさい」となるし、恋人には「これだけのプレゼントをしたんだから私を愛してしかるべきだ」となってきます。しかも、お金を介した等価交換は昔の人間がやっていた物々交換と違って同時性という性格を持つので、その要求の仕方は極めて性急になります。

物々交換の場合、たとえば私が「この眼鏡はもういらないので、紙と交換してください」と言っても、紙と交換してもいいという人が現れるまでには時間がかかるのが普通です。その時間差を解消するためにお金を媒介とする等価交換が生まれたわけなのですが、もし仮に、無償の愛というものが、「有償の原理」による等価交換の経済法則で完全に支配されてしまうことがあれば、愛やそれに伴う幸福の概念は根底から崩壊し、それによって人間そのものの概念もまた大きく変わってしまうことでしょう。

たとえば、ストーカーという存在は、こうした「無償の原理」と「有償の原理」の取り違えから起こってくるものです。自分が一方的に抱いたり注いだりした「愛」に対して、その等価交換が即時的に得られなければ我慢できず、貸した金を返せと怒鳴りこむように、注いだ分の「愛」を返せと相手に迫ることになるのです。相手から、あんたから愛なんてもらっていないと言われても、ストーカーは「有償の原理」で動いていますから、「愛の債権者」のつもりでいるのです。そして、この「愛の債権者」は債務者と信じた相手から「失われた愛」の代価として「命」を奪わなければ済まなくなってしまうのです。

人生は「気晴らし」以上のものではない

パスカルは何もしない無為な時間ほど人に苦痛を与えるものはないとして、次のように言っています。

「人間にとって、完全な休息の中にいながら、情念もなく、仕事もなく、気晴らしもなく、神経を集中させることもない状態ほど耐え難いことはない。そのような状態にあると、人は虚無を感じ、自分が見捨てられ、不十分で、他に従属しており、無力で、空っぽであることを自覚してしまう。そして、たちまちにして、魂の奥底から、倦怠が、暗黒が、悲しみが、傷心が、怨恨が、絶望が湧きでてくるのである」

人間にとって無為な時間がどれだけ苦痛であるかは、禁固刑をくらった受刑者の大半が牢獄《ろうごく》の中で何もしないでいるよりも、本来なら懲役刑に科せられるはずの労役をわざわざ志願するという事実からもよくわかると思います。懲役犯は毎日の単調な労役を「かったるいなあ〜」と思っているかもしれませんが、彼らの希望通り、労働を免除したら今度は

「やっぱり労働をさせてほしい」と言い出すはずなのです。

聞くところによると、刑の中では死刑が当然一番重く、二番目が無期懲役、その次が無期禁固だそうですが、何もしないで牢獄の中で一生じっとしていなくてはいけない無期禁固は死刑よりもよほどきつい刑ではないでしょうか？　ちなみに、日本では一九四七年以降無期禁固に処せられた受刑者はいないということですが、死刑を廃止して、無期禁固を復活させたら、死刑よりもはるかに耐え難いということで、無期禁固の受刑者は死刑復活を叫ぶに違いありません。

とはいえ、その場合、最も重い刑罰として無期禁固を与えるなら、本も雑誌も新聞も、また面会人との接見も、看守との会話もすべて禁止とする必要があります。というのも、そうした気晴らしがあると、たとえ無期禁固でも耐えやすいものとなって、最も重い刑罰ではなくなってしまうからです。

げんに、引きこもりと呼ばれている人たちは、ある意味、自ら進んで禁固刑に服しているようなものですが、それはゲーム、インターネット、ＤＶＤ、テレビといったものがあるから引きこもっていられるのであって、もしこうしたものを全部取り上げられたら、すぐに引きこもりをやめるに違いありません。逆に言うとこうした電子機器が引きこもりを加速させているのです。

このように考えると、問題は一カ所に長い間閉じこめられることではなく、気晴らしを与えられないことだということがわかります。閉じこめられていても気晴らしがありさえすれば、必ずしも耐え難くはないのです。

というわけで、改めて気晴らしについて考えてみなくてはなりません。パスカルがこう言っているからです。

「個々の仕事をいちいち吟味しなくとも、気晴らしという観点から眺めれば、それだけで十分である」

つまり、パスカル的な観点に立てば、この世の中の人間の営為のすべては気晴らしにすぎません。つまり、王や皇帝や独裁者が起こす戦争も、貴族たちが好む狩猟や賭け事も、労働者の労働も、研究者たちの真理追究も、子どもたちの遊びも、何もかもが、無為の時間の耐え難さから逃れるための気晴らしということになるのです。

パスカルはこう断定しています。

「求められているのは戦争の危険でも職務の苦労そのものでもない。むしろ、不幸の状態からわたしたちの目をそむけさせ、考えないでいられるようにしてくれて、気を紛らせてくれる喧噪こそが求められているのだ」

では、パスカルはなにゆえに無為の時間はこの世でもっとも耐え難いものだと言っているのでしょうか？

それは、死を運命づけられた人間の条件に固有の不幸があるのです。つまり、何も気晴らしがない状態で一カ所に閉じこめられていると、人間はどうしても、自分が死すべき運命にあることを考えざるを得なくなりますが、死を考えるということは実際に死ぬことよりもはるかに耐え難いことなのです。パスカルの言葉にさらに耳を傾けてみましょう。

「自分は心の底から休息を欲していると思い込んでいるのだが、実際に求めているのは、興奮することなのだ。

彼らには一つのひそかな本能があり、それが彼らをして、気晴らしと仕事を自宅の外に求めさせるのだが、それは自分たちの永遠に続く惨めな状態の予感から来ている。（中略）

このようにして、一生が過ぎてゆく。人は障害と戦っているときには休息を求めるが、ひとたび障害を乗り越えてしまうと、休息は耐え難いものになる。なぜなら、いま直面している悲惨のことを考えるか、あるいはいずれわたしたちを脅かす悲惨のことを考えずにはいられないからだ（後略）」

さあ、これで、すべては気晴らしとパスカルが言った意味がおわかりいただけたのではないでしょうか？

遊びやゲームだけが気晴らしではないのです。労働、芸術創造、思考、冒険、戦争もまた気晴らしの一種なのです。為政者にとっての政治も、芸術家にとっての創造も、学者・研究者にとっての真理追究も、労働者にとっての労働も、ゲーム中毒者にとってのゲームも、それらが気晴らしであるという一点においては優劣の関係はなく、同一線上にあるということなのです。

では、このすべては気晴らしという考え方から、どのような結論を導けばいいのでしょうか？

一つはパスカルのように、気晴らしはよくない、なぜなら、気晴らしをしていると自分の惨めさを正面から見据える契機を失してしまうからだ、と考えることです。

「気晴らしというものがなければ、わたしたちは倦怠に陥るだろうが、その倦怠はわたしたちをして、そこから抜けだす最も確かな方法を模索させるはずだからである（後略）」

パスカルが『パンセ』を執筆したのは、読者にこのような厳しい認識を持たせることで、キリスト教の原罪説に導き、そこからキリスト教信仰へと誘導しようという意図があったわけですが、しかし、わたしたち日本人の多くはキリスト教とは無縁の無神論者です。

そこで、別の結論をさぐらなければなりません。

グローバル資本主義に対抗しうる効果的な方法

近年、とみに話題になっているのは、アングロ・サクソン型のグローバル資本主義が世界中の富を独り占めにして、世界レベルで格差がどんどん拡大しているので、これを何とか是正できないかという問題です。トマ・ピケティの『21世紀の資本』が高度な内容にもかかわらず、世界的ベストセラーとなっているのは、このグローバルな格差拡大を膨大な統計資料から数量的に証明し、格差拡大を防ぐには、世界レベルで大金持ちの所得を捕縛してこれに累進課税をかけるしかないという結論を導いたためですが、私はパスカル的な気晴らし理論に立って、ピケティとは少し違う結論を導いてみたいと思います。

それは、アングロ・サクソン型のグローバルな資本家や投資家がなぜあそこまで利潤を追求するかという謎についての疑問から出発しています。

一般的な理解は、彼らグローバルな資本家や投資家はあくまで己の貪欲を追求するためにあのような一人勝ち的金儲けを推進しているのだということになりますが、私は必ずしもそうではないと思います。

すなわち、彼らリッチマンは、気晴らしのために金儲けをしているのです。金が金を生むということにゲーム的な快楽を覚え、その快楽によって強い気晴らしを得ているから、あそこまで徹底して金儲けをするのです。ゲーム中毒者と同じように、彼らは金儲けというゲームの中毒者なのです。金儲けしている時に、ドーパミンが激しく放出されているので、ただそれだけが欲しくて金儲けに熱中しているのです。

言い換えれば、貪欲もまた気晴らしの一つだということになります。

そのため、ここまで金を儲けたのだから、これでゲーム・オーバーとはならず、ゲーム中毒者が死ぬまでゲームを続けるように、グローバルなリッチマンも死ぬまで金儲けゲームを続けるはずなのです。貪欲だけならばどこかに限度はあるはずなのですが、貪欲という気晴らしには限度はないのです。

ですから、この貪欲という気晴らしの快感に嵌まってしまったリッチマンたちは、たとえ、世界中がそのために貧困に苦しんでいようがまったく痛痒《つうよう》を感じません。ひたすら貪欲という気晴らしをどこまでもどこまでも貫くはずなのです。

では、気晴らしとしての金儲けというこの人間性に根差した「悪」に対してはまったく手の施しようがないのでしょうか？

そうとは限らないというのがパスカルのもう一つの回答です。

「人間の最大の卑しさは、名声の追求にある。しかし、まさにそれこそが、人間の卓越さの最も大きなしるしなのだ。というのも、人が地上でどれほどのものを所有しようと、またどれほどの健康と快適さを得ようと、その人は、人々から尊敬されていなければ満足できないからだ。その人は人間の理性というものにかくも大きな敬意を抱いているので、地上で自分がいかに優位な立場を占めていようと、人間の理性の中で自分が優位を占めていなければ、満足できないのである。人間の理性の中に占める優位こそが最も素晴らしい優位さであり、いかなるものも彼をこの欲望から目をそらさせることはできない。そして、これこそが、人間の心の最も消しがたい性質なのである」

さて、この文章のどこにグローバル資本主義の「悪」に対抗できる唯一の解決策のヒントが隠されているかおわかりでしょうか？

グローバル資本主義のリッチマンで、「金儲けゲーム」のドーパミン中毒のようになっている人でも、不思議なことに、だれかに褒められたい、褒められてドーダしたいという願望があるのです。ほんとうは、「あなたは偉い、それだけ純粋に金儲けできる人はいない。あなたの偉さは儲けたその金額に比例する」と言ってもらいたいのです。

さらに言うなら、この称賛の言葉を自分の身内からではなく、赤の他人の口から聞きたいのです。ですから、本当の大金持ちは、所得番付の公開には大賛成なのです。『フォーチュン』誌のような権威ある雑誌の所得番付に載るということが自分の偉さの客観的証明となっていると思うからです。

しかし、所得番付の公開だけでは、ただでさえ貪欲なリッチマンをさらに貪欲にするだけです。問題は、リッチマンたちの金を低所得層に還流させて格差を是正することですが、累進課税をかけるのでは、リッチマンたちはタックスヘイブンを使って税金逃れをするだけですから、いくら課税をグローバル化しようと捕縛はそう簡単ではありません。

そこで、私はリッチマンのドーダ心を満足させ、かつ格差是正にもつながるような方策はないかと考えて、寄付、とりわけ文化への寄付、ユニセフへの寄付、貧者・弱者への寄付において、リッチマンたちにドーダ競争をさせるのが一番いいのではないかと思います。つまり、寄付の金額の番付を発表し、それに載ることがリッチマンたちの励みになるような方法を作り出せばいいのです。

なぜ、これが有効かといえば、人間のドーダ心というのは、まことに貪欲なもので、自分が死んだあとでも、死後の名声という形でドーダしたいと思っているからです。

この意味では、自分の名前が未来永劫《えいごう》に残るような形の寄付システムが構築されれば、リッチマンたちは進んで寄付を行うようになるでしょう。カーネギー・ホール、ゲッティ美術館等々、アメリカにはこうしたリッチマンたちの死後ドーダ願望を満たした文化施設がたくさんあるのです。それというのも、アメリカでは、文化的な寄付を行えば、その分は税金から控除されるので、みんな進んで寄付を行うのですが、どうせなら、この寄付システムをもっと合理化してグローバルな規模に拡大したらどうでしょう。

そして、パスカルの言葉に従って、その寄付の「偉さ」を「理性（つまり、公的格付機関）」の名において格付し、寄付勲章のようなものを制度化すれば、リッチマンたちはその寄付勲章欲しさに争って寄付をするに違いありません。「地上で自分がいかに優位な立場を占めていようと、人間の理性の中で自分が優位を占めていなければ、満足できないのである。人間の理性の中に占める優位こそが最も素晴らしい優位さ」なのです。

このような形で、リッチマンたちの金儲けドーダ競争を、寄付を通して「人間の理性の中に占める優位」ドーダ競争に転化してやるのが一番賢い格差の軽減になるのではないでしょうか？

「わたしたちはけっしてモノを探すのではない。モノの探求を求めるのである（後略）」

金持ちは決してマネーを探しているのではなく、マネーの探求を求めているのですから、これをマネーの蕩尽《とうじん》の探求へと転換することは必ずしも難しくはないのです。

それに、右のパスカルの文章は、人生のスタート地点に立った人にも、また人生のゴール近くにいる人にも同じようにヒントとなる思想を含んでいます。

つまり、どんな分野であれ、いまだ解明されていない何かしらの真理を突き止めたいという強い思いを抱いている限り、わたしたちは決して倦怠《けんたい》には陥らないだろうし、倦怠から絶望には達しないだろうということです。

そのためには何をしたらいいのでしょう?

自分の頭で、その真理について徹底的に考えることです。これ以外にはありません。最後に『パンセ』の最も有名な断章を引用しておきましょう。そう、考えることが、すべてなのです。

「人間は一本の葦にすぎない。自然の中でも最も弱いものの一つである。しかし、それは考える葦なのだ。人間を押し潰すためには、全宇宙が武装する必要はない。蒸気や一滴の水でさえ人間を殺すに足りる。しかし、たとえ宇宙が人間を押し潰したとしても、人間は自分を殺す宇宙よりも気高いと言える。なぜならば、人間は自分が死ぬことを、また宇宙のほうが自分よりも優位だということを知っているからだ。宇宙はこうしたことを何も知らない。

だから、わたしたちの尊厳は、すべてこれ、考えることの中に存する。わたしたちはその考えるというところから立ち上がらなければならないのであり、わたしたちが満たす術《すべ》を知らない空間や時間から立ち上がるのではないのだ。ゆえに、よく考えるよう努力しよう。ここに道徳の原理があるのだ」

鹿島 茂(かしま しげる)

一九四九年生まれ。明治大学国際日本学部教授。東京大学大学院人文社会系研究科博士課程単位取得満期退学。専門は一九世紀フランス文学、社会。著書『馬車が買いたい!』(白水社)でサントリー学芸賞、『子供より古書が大事と思いたい』(青土社)で講談社エッセイ賞、『職業別パリ風俗』(白水社)で、読売文学賞を受賞。他著書多数。

進《すす》みながら強《つよ》くなる ――欲望道徳論《よくぼうどうとくろん》

集英社新書〇七八一C

二〇一五年四月二二日 第一刷発行

著者……鹿島《かしま》 茂《しげる》

発行者……加藤 潤

発行所……株式会社集英社

東京都千代田区一ツ橋二-五-一〇 郵便番号一〇一-八〇五〇

電話 〇三-三二三〇-六三九一(編集部)
〇三-三二三〇-六〇八〇(読者係)
〇三-三二三〇-六三九三(販売部)書店専用

装幀……原 研哉

印刷所……大日本印刷株式会社 凸版印刷株式会社

製本所……加藤製本株式会社

定価はカバーに表示してあります。

ISBN 978-4-08-720781-1 C0210

a pilot of wisdom

アート鑑賞、超入門！ 7つの視点
藤田令伊 0771-F
歴史的作品から現代アートまで、自分の目で芸術作品に向き合うための鑑賞術を、7つの視点から解説する。

地震は必ず予測できる！
村井俊治 0772-G
地表の動きを記録したデータによる「地震予測法」を開発した測量学の権威が、そのメカニズムを公開。

イスラーム　生と死と聖戦
中田 考 0764-C
一六億人の信徒を律するイスラーム法の根源とは？その世界観を第一人者がやさしく説く、必読の一冊。

「辺境」の誇り――アメリカ先住民と日本人〈ノンフィクション〉
鎌田 遵 0773-N
土地を追われたアメリカ先住民と福島の人々……。権力に抗い「辺境」に生きる人々に迫るノンフィクション。

亡国の集団的自衛権
柳澤協二 0774-A
戦争の現実を知る元防衛官僚が、「立憲主義」への挑戦ともいうべき現政権の安保政策を徹底批判する！

アウトサイダーの幸福論
ロバート・ハリス 0775-C
一度きりの人生を楽しむために必要なこととは何か？アウトサイダーが伝授する、路上と放浪の人生哲学。

なぜ『三四郎』は悲恋に終わるのか――「誤配」で読み解く近代文学
石原千秋 0776-F
近代文学の名作の多くはなぜ「悲恋小説」なのか？「誤配」という概念を用いてその理由の新解釈に挑む。

資本主義の克服　「共有論」で社会を変える
金子 勝 0777-A
資本主義社会で生き抜く術を、個人の尊厳を担保する制度やルールの「共有」に見出す、著者の新たな提言。

刑務所改革　社会的コストの視点から
沢登文治 0778-B
明治以来、不合理なシステムを放置してきた刑務所。社会に資する、あるべき姿を模索する。

F1ビジネス戦記　ホンダ「最強」時代の真実
野口義修 0779-H
ホンダ最盛期に最前線で奮闘した著者が、F1ビジネスにまつわる熾烈な「戦い」の顛末を綴る。